Annette Leo und Peter Reif-Spirek (Hrsg.)

Widersprüchlicher Neubeginn

Ostdeutsch-jüdische Geschichten nach 1945

Diese Veröffentlichung stellt keine Meinungsäußerung der Landeszentrale für politische Bildung Thüringen dar. Für inhaltliche Aussagen tragen die Autorinnen und Autoren die Verantwortung.

Landeszentrale für politische Bildung Thüringen
Regierungsstraße 73, 99084 Erfurt
www.lztthueringen.de
2022

ISBN: 978-3-948643-56-0

Inhalt

ANNETTE LEO / PETER REIF-SPIREK

Einleitung

In den Jahren 1999 und 2001 gaben wir zwei Sammelbände heraus, die wir im Untertitel „Studien zum DDR-Antifaschismus" und „Neue Studien zum DDR-Antifaschismus" nannten[1]. Mit diesen Beiträgen wollten wir uns an der damals sehr aufgeregten Auseinandersetzung um die staatsoffizielle Erinnerungspolitik des einige Jahre zuvor untergegangenen ostdeutschen Staates beteiligen. Wir wollten das jedoch auf andere Weise tun als das in den Publikationen, die uns bisher bekannt waren, geschehen war. Weder polarisierend noch pauschal verdammend oder rechtfertigend, wollten wir den Blick auf die Lebenswege und Schicksale von Männern und Frauen lenken, die aus unterschiedlichen Gründen während der NS-Zeit verfolgt worden waren und deren Leidensgeschichten in der DDR-Erinnerungspolitik entweder keine Rolle gespielt hatten, nur am Rande vorgekommen oder überhöht bzw. verzerrt dargestellt worden waren. Wir wollten konkrete Geschichten erzählen, an deren Widersprüchen gelernt werden konnte. Insofern fühlen wir uns durchaus richtig verstanden, wenn Angelika Königseder und Juliane Wetzel in ihrer kritischen Bilanz zum Forschungsstand über den Antifaschismus der DDR den eigenen Ton dieser beiden Bücher erwähnen und ihnen attestieren, dass *„die Texte die ganze Ambivalenz des DDR-Antifaschismus und die damit verbundene menschliche Tragik deutlich (machen), aber durch ihre differenzierte*

1 Helden, Täter und Verräter, Berlin (1999); Vielstimmiges Schweigen, Berlin 2001. Die beiden Bände sind im Metropol-Verlag erschienen.

Argumentation eine pauschale, ideologisch bestimmte Verurteilung (vermeiden)“[2].

So erzählte zum Beispiel Reimar Gilsenbach von den vergessenen Leiden der Sinti und Roma, Andreas Weigelt schrieb einen Beitrag über die Umdeutung der überwiegend jüdischen Toten des KZ Lieberose zu Widerstandskämpfern, Ute Hoffmann stellte die Missachtung der Opfer der „Euthanasie“-Verbrechen in den Mittelpunkt, während Peter Erler beschrieb, wie Überlebende des stalinistischen GULag sich nach ihrer Rückkehr in die DDR genötigt sahen, ihre Verfolgungsgeschichten zu verschweigen. Regina Scheer widmete ihren Text den „namenlosen“, wie sie sie nannte, Frauen der Widerstandskämpfer. Besonders beeindruckend waren viele damals von dem Artikel des Literaturwissenschaftlers Joachim Meinert, der als Zeitzeuge und Beteiligter nüchtern und schonungslos das Verfahren dokumentierte, in dessen Verlauf das berühmte Buch von Primo Levi „Ist das ein Mensch?“ in der DDR nicht erscheinen durfte.

Seitdem sind mehr als 20 Jahre vergangen, die ostdeutschen Gedenkstätten und musealen Ausstellungen wurden umgestaltet, vergessene Opfergruppen bekamen einen Platz in der Erzählung, im Zuge dessen veränderte sich auch die alt-bundesdeutsche Erinnerungslandschaft. Zahlreiche Forschungsprojekte zum Thema wurden abgeschlossen, Biografien neu- und umgeschrieben, Straßen umbenannt und Stolpersteine verlegt. In der Erinnerungspolitik der vereinigten Bundesrepublik spielt der Umgang mit der NS-Vergangenheit heute eine zentrale Rolle und dazu hat auch die Auseinandersetzung mit dem ungeliebten, widersprüchlichen und umstrittenen Erbe der DDR beigetragen.

Zweifellos haben die Diskurse sich verändert. Der heutige Blick auf die Vergangenheit und auf die Vergangenheitspolitik

2 Angelika Königseder/Juliane Wetzel: Antisemitismus und Antifaschismus in der DDR. Kritische Bemerkungen zum Forschungsstand. In: Wolfgang Benz (Hrsg.). Antisemitismus in der DDR. Berlin 2018, S. 212.

geht von einem deutlich gewachsenerem und differenzierterem Wissensbestand aus, während gleichzeitig mit dem Erstarken neuer rechter Bewegungen die alten Debatten immer wieder geführt werden müssen. Daneben erreichen uns auch wichtige Rückmeldungen von außen, die diesen Prozess der „Aufarbeitung der Aufarbeitung“ durchaus kritisch betrachten und einen milderen Blick auf den DDR-Antifaschismus werfen. Zum Beispiel die französische Historikerin Sonia Combe, die sich mit der zweifachen Instrumentalisierung des „Buchenwaldkindes“ Stefan J. Zweig beschäftigt hat und zu dem Schluss gekommen ist, der Widerstand der kommunistischen Häftlinge im KZ Buchenwald, der während der DDR-Zeit zweifellos überhöht worden sei, werde in den neuen Ausstellungen mittlerweile zu Unrecht so gut wie ausgeblendet.[3] Die aus den USA stammende Philosophin Susan Neiman formuliert in ihrer jüngsten Publikation „Von den Deutschen lernen“ gar die These: *„In der Aufarbeitung der Nazivergangenheit stand Ostdeutschland besser als Westdeutschland da“*.[4] Noch immer mangelt es an fundierten vergleichenden Studien der NS-Aufarbeitung. Auch die Rezeption des DDR-Antifaschismus in der alten Bundesrepublik und seine Auswirkungen in den geschichtspolitischen Auseinandersetzungen der früheren Bundesrepublik bleibt ein defizitäres Forschungsfeld.

In diesen streitbaren Kontext passt auch der vorliegende Band, der sich als eine Fortsetzung der beiden zu Beginn genannten und noch immer viel gelesenen und zitierten Publikationen versteht. Sogar einige personelle Kontinuitäten lassen sich feststellen – nicht nur bei den Herausgeber*innen – auch die Autor*innen Regina Scheer und Andreas Weigelt konnten erneut für eine Mitwirkung gewonnen werden. Diesmal richten wir die Aufmerksamkeit auf die Zeit unmittelbar nach dem

3 Sonia Combe: Ein Leben gegen ein anderes. Der ‚Opfertausch‘ im KZ Buchenwald und seine Nachgeschichte, Berlin 2017.

4 Susan Neiman: Von den Deutschen lernen wie Gesellschaften mit dem Bösen in ihrer Geschichte umgehen können. Berlin 2020, S. 120.

Ende des Krieges, auf den schwierigen und widerspruchsvollen Neubeginn jüdischen Lebens in der sowjetischen Besatzungszone und frühen DDR. Viele der überlebenden Jüdinnen und Juden, die aus den Konzentrationslagern, aus dem Untergrund und aus dem Exil zurückgekehrt waren, die in Deutschland von ihren nichtjüdischen Ehepartnern geschützt worden waren oder in den Armeen der Alliierten gekämpft hatten, betrachteten ihren Aufenthalt im Land der Täter zunächst nur als Zwischenstation auf dem Weg nach Palästina oder in die USA. Die Gemeinden, die sie dennoch gründeten, bezeichneten sie bisweilen als „Liquidationsgemeinden". Andere wiederum, die sich häufig schon vor 1933 vom religiösen Gemeindeleben entfernt hatten, kamen ganz bewusst nach Deutschland zurück, weil sie dort eine neue, eine sozialistische Gesellschaft mitgestalten wollten. Paradoxerweise stand die Entscheidung, letztlich doch zu bleiben oder sich erneut ins Exil oder gar auf die Flucht zu begeben, gar nicht unbedingt mit diesen ursprünglichen Hoffnungen und Vorstellungen in Verbindung.

Über Juden und Jüdinnen in der DDR wurde und wird in diesem Land seit etlichen Jahren geforscht und interviewt, Artikel wurden geschrieben, Filme gedreht, Tagungen veranstaltet und Bücher publiziert. Das Leben in den kleinen jüdischen Gemeinden, die in den 1980er Jahren völlig überaltert waren und insgesamt nur noch knapp 500 Mitglieder aufwiesen, wobei allein 250 von ihnen in Ostberlin lebten, steht dabei ebenso im Fokus wie die weitaus größere Gruppe der Kommunist*innen jüdischer Herkunft, die in Politik, Kultur und Wissenschaft des Landes eine bedeutende Rolle spielten.

Unsere Publikation widmet sich den bisher weniger beleuchteten Anfängen von Mai 1945 bis etwa zum Ende der 1940er/dem Beginn der 1950er-Jahre. Diese ersten Jahre sind insofern interessant, weil sie keineswegs nur als das Vorspiel zur späteren Teilung in Ost und West, zum Kaltem Krieg und den stalinistischen Verfolgungen angesehen werden müssen. Sie sind offener und bergen noch zahlreiche andere Möglichkeiten, die später verschwanden. Und gleichzeitig zeigen sie unverhüllt ein Bild der deutschen Mehrheitsgesellschaft nach dem Zusammenbruch des Dritten Reiches.

Die Beiträge in diesem Band beschäftigen sich sowohl mit der damaligen Situation in der SBZ allgemein als auch mit der Entwicklung in Thüringen.

Den Auftakt bildet Alexander Walter, der uns einen Überblick über den Stellenwert von Antisemitismus und Holocaust in der DDR-Geschichtsforschung vermittelt. Das Spannungsverhältnis zwischen Bleiben und Gehen, in dem viele der Überlebenden sich befanden, verdeutlicht Andreas Weigelt eindrücklich anhand der sehr unterschiedlichen Nachkriegs-Schicksale von Julius Meyer und Heinz Galinski, den beiden ersten Vorsitzenden der anfangs noch Gesamtberliner Jüdischen Gemeinde. Daran anknüpfend widmet sich Annette Leo der Rolle der Juden und Jüdinnen in der Vereinigung der Verfolgten des Naziregimes (VVN), die schon allein aufgrund ihrer großen Zahl eine bedeutende Gruppe im Rahmen der Organisation darstellten und entsprechenden Einfluss auf die Erinnerungspolitik besaßen. Im Verlaufe der Stalinisierung des gesellschaftlichen Lebens in der DDR und nach der Auflösung der VVN ging dieser Einfluss jedoch verloren. Eike Küstner rekonstruiert auf der Grundlage von bisher wenig ausgewerteten Archivdokumenten den schwierigen Prozess der Wiedergründung einiger jüdischer Gemeinden in Thüringen. Unter dem Titel „Getäuschte Hoffnungen“ beschreibt sie unter anderem die offen feindselige Atmosphäre, in der die Überlebenden des Holocaust sich vor allem in den kleinen Städten und Gemeinden bewegten. Auch Monika Gibas wendet sich einem spezifisch thüringischen Thema zu: Das innerhalb der Sowjetischen Besatzungszone einzigartige Wiedergutmachungsgesetz, das zugleich das erste derartige Gesetz im gesamten besetzten Deutschland war, trat bereits im September 1945 in Kraft und wurde zwei Tage vor der Gründung der DDR per Dekret außer Kraft gesetzt. Anhand von eindrücklichen Beispielen schildert die Autorin Erfolge und Misserfolge bei der Rückerstattung geraubten jüdischen Eigentums sowie die Grenzen, die den damaligen Sonderbeauftragten der Behörde bereits von Beginn an seitens der sowjetischen Besatzungsmacht gesetzt wurden. „Der Preis des Überlebens" überschreibt Regina Scheer ihren Text über Charlotte Holzer, die in der DDR als einzige Überlebende der Widerstandsgruppe um Herbert Baum zur tragenden Figur der offiziellen Erinnerung an die Gruppe wurde, während sie gleichzeitig in all den Jahren ein trauriges, dunkles Geheimnis mit sich trug, von dem außer ihr nur die Staatssicherheit wusste.

ALEXANDER WALTHER

Antisemitismus und Holocaust in der DDR-Faschismusforschung

Im Frühjahr 1956 schrieb der Historiker Helmut Eschwege an das ZK der SED, dass die kurz zuvor bekannt gewordene „Geheimrede" Nikita Chruščëvs auf dem XX. Parteitag der KPdSU die Verbrechen Stalins und den Antisemitismus in der Sowjetunion entlarvt habe. Darum forderte er auch in der DDR Konsequenzen. Seine Schilderung der Lage war ernüchternd. In der DDR herrsche ein „verzerrtes" Geschichtsbild über die deutschen Jüdinnen und Juden. Die Shoah werde in den Geschichtsbüchern nicht gewürdigt und keinerlei Forschung hierzu betrieben. Zudem hätten die Ereignisse rund um den Prozess gegen Rudolf Slansky 1952 auch in der DDR Antisemitismus wieder spürbar werden lassen. Resigniert schloss Eschwege seinen Brief mit der Frage: *„Hat es Sinn in der DDR an einem Werk über die Geschichte der Juden Deutschlands zu schreiben?"*[1]

Die Frage, ob in der DDR über Antisemitismus und die Shoah geforscht werden konnte, ist nicht neu. Schon vor dem Mauerfall und besonders in den 1990er-Jahren sahen sich DDR-Historiker*innen dem Vorwurf ausgesetzt, diese Themen ausgeklammert zu haben.[2] Der Freiburger Historiker Ulrich

1 Helmut Eschwege an Kurt Hager, 21.4.1956, Zentralarchiv zur Erforschung der Geschichte der Juden in Deutschand (ZA), B.2/11, Nr. 4.

2 Siehe u. a. Groehler, Olaf: Der Holocaust in der Geschichtsschreibung der DDR, in: Moltmann, Bernhard (Hrsg.): Erinnerung. Zur Gegenwart des Holocaust in Deutschland-West und Deutschland-Ost (= Schriftenreihe der Arbeitsstelle zur Vorbereitung des Frankfurter Lern- und Dokumentationszentrums, Bd. 4), Frankfurt a. M. 1993, S. 47–65; Käppner, Joachim: Erstarrte Geschichte. Faschismus und Holocaust im Spiegel der Geschichtswissenschaft und Geschichtspropaganda der DDR (= Forum Zeitgeschichte, Bd. 9), Hamburg 1999.

Herbert resümierte 2015: „*Eine ‚Holocaust-Forschung' im engeren Sinne hat es in der DDR [...] nie gegeben.*"[3] Sicherlich war die Shoah kein prominentes Thema der etablierten DDR-Geschichtswissenschaft . Doch zu jeder Zeit gab es Versuche, die Verfolgung und Ermordung der europäischen Juden zu beschreiben, zu erklären und einzuordnen. In diesem kurzen Überblick werden einzelne Schlaglichter auf die wesentlichen Entwicklungen der Beschäftigung mit der Shoah geworfen und gefragt, wie sich Historiker*innen und Intellektuelle in der DDR mit dem Genozid auseinandersetzten.

Anfänge

In einer frühen Ausgabe der Berliner Zeitung wurde ein aufschlussreicher Text veröffentlicht. Unter der Überschrift „*Soll die Zeitung das bringen*" wurde der Brief einer Leserin abgedruckt:

> „*Die Berichte in Ihrer Zeitung von den jetzt befreiten KZ-Insassen haben mich erschüttert. Beim Lesen der Erlebnisse spürt man, daß alles noch viel schlimmer gewesen sein muß, als es sich überhaupt sagen läßt. Dennoch muß ich Ihnen schreiben, daß es vielleicht richtiger wäre, nicht länger solche Schilderungen zu veröffentlichen. Ich glaube, man sollte unter alles, was gewesen ist, einen endgültigen Strich machen. Wir müssen ja alle von vorn anfangen.*"[4]

Veröffentlicht wurde der Beitrag am 4. Juni 1945. Kaum vier Wochen nach der bedingungslosen Kapitulation war schon die Forderung nach einem Schlussstrich zu hören. Die Erforschung der unmittelbaren Vergangenheit war also sozial

---

3 Herbert, Ulrich: Holocaust-Forschung in Deutschland. Geschichte und Perspektiven einer schwierigen Disziplin. In: Bajohr, Frank/Löw, Andrea (Hrsg.): Der Holocaust. Ergebnisse und neue Fragen der Forschung. Frankfurt a. M. 2015, S. 31–79, Zitat S. 47.

4 H. K.: Soll das die Zeitung bringen? Ein Leserbrief und unsere Antwort, Berliner Zeitung, 4.6.1945, S. 2.

nicht erwünscht und bald auch politisch nur noch unter Vorgaben gewollt. Ohnehin musste sich die Geschichtswissenschaft in der SBZ zunächst neu etablieren. Anfangs lehrten nur etwa 25 Historiker*innen an den Universitäten, darunter auch ehemalige NSDAP-Mitglieder.[5]

Erste Impulse zur Erforschung der antisemitischen Verfolgung setzten daher jüdische Überlebende. Zwar bildeten sich wie in anderen europäischen Ländern auch in Deutschland jüdisch-historische Kommissionen. Da aber in der Sowjetischen Besatzungszone bald schon keine *Displaced Persons* geduldet wurden, entstanden diese Kommissionen nur in München und Niedersachsen. Allerdings begannen die neugegründeten Jüdischen Gemeinden damit, zumindest die Schicksale einzelner Gemeindemitglieder klären zu wollen. Zudem erschienen erste Berichte von Augenzeugen oder Überlebenden, in denen Verfolgung, Deportation und Massenmord geschildert wurden, darunter die Eindrücke des sowjetisch-jüdischen Schriftstellers und Kriegsberichterstatters Vasilij Grossman von Treblinka, die Erinnerungen der späteren SPD-Bundestagsabgeordneten Jeanette Wolff oder der Bericht von Ziviah Lubetkin, eine der wenigen Überlebenden des Warschauer Ghettoaufstandes.[6]

In der frühen Nachkriegszeit mangelte es nicht an Zeugnissen über die Verfolgung, Interpretationen und Erklärungen hingegen waren selten. 1948 veröffentlichten jedoch gleich zwei jüdische Verfolgte erste Deutungen der Shoah: Siegbert Kahn, der sich ins Exil hatte retten können, und Stefan Heymann, der als Jude und Kommunist Auschwitz-Monowitz und Buchenwald überlebt hatte. Beide betonten die zentrale Rolle des Antisemitismus innerhalb der NS-Ideologie noch

5 Siehe Käppner: Erstarrte Geschichte, S. 41; Lothar Mertens: Lexikon der DDR-Historiker. Biographien und Bibliographien zu den Geschichtswissenschaftlern aus der Deutschen Demokratischen Republik. München 2006, S. 23–36, bes. S. 27.

6 Grossman, Vasilij: Die Hölle von Treblinka, Moskau 1946; Wolff, Jeanette: Sadismus oder Wahnsinn. Erlebnisse in den deutschen Konzentrationslagern im Osten, Dresden 1947; Lubetkin, Ziviah: Die letzten Tage des Warschauer Gettos, Berlin (Ost)/Potsdam 1949.

vor dem Antikommunismus. Kahn verwies sogar darauf, dass auch Teile der Arbeiterschaft anfällig für antisemitische Propaganda gewesen waren – eine Feststellung, die später lange ein Tabu war. In den Texten fand sich eine marxistische Antisemitismus-Definition, die im Laufe der DDR kaum differenziert wurde. Heymann beschrieb den Antisemitismus als eine im 19. Jahrhundert theoretisierte ökonomische Variante des Rassismus. Die Hetze sei vor allem als ein Symptom einer Krise des Imperialismus zu begreifen. Denn die herrschende Klasse, so Heymann, habe sich des Antisemitismus nur bedient, um die Wut der unterdrückten Arbeiterklasse auf die Juden abzulenken.[7]

Diese Deutung war nicht neu. Linke Intellektuelle und Politiker der Arbeiterbewegung hatten schon im Kaiserreich diese Erklärung skizziert. Die „Judenfrage“ wurde von ihnen nicht als eigenständiges Problem gesehen, sondern als ein Symptom der Herrschaft einer Klasse über die andere wahrgenommen, das sich nach dem erfolgreichen Klassenkampf von selbst lösen würde. Zwar wurde die Theorie von Juden als Sündenböcke in späteren Arbeiten auch mit Verweise auf das Mittelalter untermauert. Grundsätzlich aber blieb die Sicht auf den Antisemitismus als Mittel zur Ablenkung vom Klassenkampf weitgehend unverändert.[8] Dies mag zunächst kurzsichtig erscheinen. Allerdings muss betont werden, dass erst die Shoah zu einer größeren wissenschaftlichen Erforschung des Antisemitismus geführt hatte. Zwar gab es schon davor Forschungen und Deutungsansätze, doch erst der Massenmord verdeutlichte die Dringlichkeit des Problems. Frühe Pioniere der Antisemitismusforschung brauchten zudem lange, bis ihre Forschungen von einem größeren Publikum wahrgenommen

7 Stefan Heymann: Marxismus und Rassenfrage. Berlin 1948; Siegbert Kahn: Antisemitismus und Rassenhetze. Eine Übersicht über ihre Entwicklung in Deutschland. Berlin 1948, etwa S. 79–81. Siehe auch Hartewig, Karin: Zurückgekehrt. Die Geschichte der jüdischen Kommunisten in der DDR, Köln/Weimar/Wien 2000, S. 451 f.

8 Siehe Rürup, Reinhard: Emanzipation und Antisemitismus. Studien zur „Judenfrage“ der bürgerlichen Gesellschaft (= Kritische Studien zur Geschichtswissenschaft, Bd. 15), Göttingen 1975, S. 117–120.

wurden.[9] In der DDR verhinderte indes auch eine ideologische Engführung der Erklärungen, dass andere Interpretationen zugelassen wurden. Psychoanalytische Überlegungen, die Arnold Zweig schon in den 1920er Jahren entwickelte, oder die sozialwissenschaftlichen Ansätze der Frankfurter Schule passten schlichtweg nicht in das Schema von Klassenkämpfen und blieben unbeachtet.[10]

Die zögerliche Annäherung an den Antisemitismus bedeutete allerdings nicht, dass die Shoah grundlegend verdrängt worden wäre. Viele aus dem Exil zurückgekehrte Intellektuelle, die oft selbst antisemitisch verfolgt worden waren, sahen gerade im Rassismus das Kernelement der NS-Ideologie und das zentrale Verbrechen. Im 1944 befreiten Konzentrations- und Vernichtungslager Majdanek erkannte der ungarisch-jüdische Intellektuelle Georg Lukács den *„ganze[n] Hitlerismus"* und die *„größten Greue[l] der bisherigen Menschheitsgeschichte"*.[11] Zurückgekehrte exilierte Autor*innen wie Lukács, Alexander Abusch oder Anna Seghers verwiesen in diesem Zusammenhang stets auf den Rassismus der Nationalsozialisten. Dabei war der Antisemitismus immer mitgemeint. Die Holocaustforschung in der DDR behielt diese Einschätzung bei und variierte lediglich den Stellenwert, den sie der antisemitischen Verfolgung im Rahmen des Rassismus der Nationalsozialisten beimaß.[12] Darin jedoch eine bewusste Nivellierung der Rolle des Antisemitismus zu sehen, verkennt den historischen Kontext. Denn in der unmittelbaren Nachkriegszeit war die Einordnung antisemitischer Verfolgung in die rassistische NS-Ideologie zunächst nur folgerichtig. Vom Rassismus zu sprechen, war implizit auch eine Reaktion auf

9 Siehe Krah, Franziska: „Ein Ungeheuer, das wenigstens theoretisch besiegt sein muß. Pioniere der Antisemitismusforschung in Deutschland (= Wissenschaftliche Reihe des Fritz Bauer Instituts, Bd. 29), Frankfurt a.M./New York 2016.

10 Zweig, Arnold: Caliban oder Politik und Leidenschaft. Versuch über die menschlichen Gruppenleidenschaften, dargetan am Antisemitismus, Potsdam 1927.

11 Lukács, Georg: Schicksalswende, in: ders.: Schicksalswende. Beiträge zu einer neuen deutschen Ideologie, Berlin (Ost) 1948 [1944]. S. 333–356, Zitat S. 334.

12 Für ein späteres Beispiel siehe Pätzold, Kurt: Verfolgung, Vertreibung, Vernichtung. Dokumente des faschistischen Antisemitismus 1933 – 1942, Leipzig 1983, S. 9.

die NS-Propaganda, die stets eine jüdische Rasse als Feindbild beschworen hatte. In frühen Erklärungsversuchen des Nationalsozialismus sahen Georg Lukács, Hannah Arendt und andere in der rassistischen Verfolgung den maßgeblichen Faktor zum Verständnis der neuen Dimension der Verbrechen.[13] Zudem ist die Debatte darüber, ob Antisemitismus eine Form von Rassismus oder eine genuine Form der Ausgrenzung und Verfolgung ist, keineswegs beendet.[14] Allerdings brachte dieser Zugang auch Einschränkungen und Marginalisierungen mit sich, wie noch gezeigt wird.

In der frühen Nachkriegszeit gab es keine Versuche der Geschichtswissenschaft in der DDR, den Holocaust zu erforschen. Wichtige Impulse kamen allesamt von Außenstehenden. Das änderte sich auch in den nächsten Jahren zunächst kaum. Im Zuge einer Debatte über ein Hochschullehrbuch kam es zu einer ersten fachwissenschaftlichen Diskussion über die Verfolgung im Nationalsozialismus, doch da sich die Arbeit am angestrebten Lehrbuch verzögerte, blieb die Debatte zunächst wirkungslos.[15]

Zäsur um 1960

Mit der Verhaftung Adolf Eichmanns im Mai 1960 trat die Auseinandersetzung mit der NS-Vergangenheit in beiden deutschen Staaten in eine neue Phase. Schon zuvor hatte die SED damit begonnen, frühere NS-Täter in der Bundesrepublik medienwirksam anzuprangern und erste Schauprozesse initiiert. Der bevorstehende Prozess gegen Eichmann bot die Möglichkeit, dies zu intensivieren und Verbindungen zu prominenteren NS-Tätern

13 Siehe Lukács: Schicksalswende; Arendt, Hannah: Die vollendete Sinnlosigkeit, in: Arendt, Hannah (Hrsg.): Nach Auschwitz (= Critica diabolis, Bd. 21), Berlin 1989, S. 7–30.

14 Siehe exemplarisch Lenhard, Philipp: „Weiße Juden“. Zum Unterschied von Rassismus und Antisemitismus, in: Gerber, Jan (Hrsg.): Die Untiefen des Postkolonialismus (= Hallische Jahrbücher, Bd. 1), Berlin 2021, S. 47–72.

15 Siehe Sabrow, Martin: Planprojekt Meistererzählung. Die Entstehungsgeschichte des „Lehrbuchs der deutschen Geschichte“, in: ders. (Hrsg.): Geschichte als Herrschaftsdiskurs. Der Umgang mit der Vergangenheit in der DDR (= Zeithistorische Studien, Bd. 14), Köln/Weimar/Wien 2000, S. 227–286.

zu ziehen. Besonders Hans Maria Globke, der Staatssekretär im Bundeskanzleramt, war bald im Fokus der Attacken. Denn Globke hatte nicht nur einen juristischen Kommentar auf die Nürnberger Gesetze geschrieben. Als Mitarbeiter im Reichsinnenministerium war er maßgeblich an der Entstehung weiterer diskriminierender Gesetze beteiligt gewesen, etwa an einer Novelle des Reichsbürgergesetzes, das es dem Staat ermöglichte, das Vermögen der deportierten Juden einzuziehen.

Die Geschichtswissenschaft war weitgehend unvorbereitet von der neuen Aufmerksamkeit für den Holocaust getroffen worden. Das registrierte auch die Staatsführung und ordnete für den Sommer 1961 eine Konferenz über „den deutschen Imperialismus und seines Rassenhasses" an. Unter dem Titel „Die Barbarei – extremster Ausdruck der Monopolherrschaft in Deutschland" diskutierten erstmals Historiker*innen der DDR und aus anderen sozialistischen Ländern über die NS-Verbrechen, ihre Genese und Ausmaße.[16] Der Wirtschaftshistoriker Jürgen Kuczynski ging in seinem Eröffnungsvortrag allerdings nur kursorisch auf den Anlass der Tagung ein. Adolf Eichmann erschien bei ihm zwar als ein *„Manager [...] des deutschen Monopolkapitals"* und der Antisemitismus als *„offiziell[e] Staatsideologie"*. Über den Mord an den europäischen Juden sagte Kuczynski hingegen wenig.[17] Jüdische Opfer wurden in den Studien der DDR-Historiker in dieser Zeit zwar erwähnt, eine Erklärung oder Einordnung der Dimension blieb jedoch weitgehend aus.[18]

Oft brauchte es hier erneut Impulse von außen. Auf der Berliner Tagung blieb es den wenigen osteuropäischen

16 Heitzer, Heinz: „Die Barbarei – extremster Ausdruck der Monopolherrschaft in Deutschland", in: Zeitschrift für Geschichtswissenschaft 9:7 (1961), S. 1632–1638.

17 Kuczynski, Jürgen: Die Barbarei – extremster Ausdruck der Monopolherrschaft in Deutschland, in: Zeitschrift für Geschichtswissenschaft 9:7 (1961), S. 1484–1508, Zitate S. 1485 f.

18 Siehe u. a. die Studie von Heinz Kühnrich, der in seinen Deutungen zwar weitgehend starr an einer materialistischen Geschichtsschreibung festhielt, jedoch erste zögerliche Einschränkungen und Differenzierungen anmerkte, etwa dass die Tötungsabsicht in der „Frage der ‚Endlösung'" über etwaigen wirtschaftlichen Interessen stand. Kühnrich, Heinz: Der KZ-Staat. Rolle und Entwicklung der faschistischen Konzentrationslager 1938 bis 1945 (= Wahrheiten über den deutschen Imperialismus, Bd. 1), Berlin (Ost) 1960, S. 76.

Historiker*innen wie Artur Eisenbach vom Jüdischen Historischen Institut in Warschau vorbehalten, diese Lücke zu schließen und den Genozid zu thematisieren. Tatsächlich entpuppte sich das Warschauer Institut als wichtiger Impulsgeber für die Diskussion über den Holocaust in der DDR. Schon vor den politischen Kampagnen hatte der Ostberliner Verlag Rütten & Loening die Veröffentlichung von fünf Erlebnisberichten jüdischer Verfolgter angeregt. 1958 erschien „Im Feuer vergangen" und versammelte Zeugnisse, die kurz nach Kriegsende von der Jüdischen Historischen Kommission in Polen gesammelt und veröffentlicht worden waren. Das Buch war ein überraschender Verkaufserfolg und erlebte sieben Auflagen in fünf Jahren.[19]

Dabei enthielt das Vorwort von Arnold Zweig einige brisante Stellen. Denn die Veröffentlichung fiel zusammen mit der Einweihung des wohl einflussreichsten Gedenkzeichens in der DDR: der Nationalen Mahn- und Gedenkstätte Buchenwald. Zweig hatte die Einweihung am Radio verfolgt und sich über die weitgehende Abwesenheit der Erinnerung an die jüdischen Opfer geärgert. Tags darauf verfasste er das Vorwort und schrieb am Ende:

> *„Unter den 21 Fahnen der Völker, welche sich auf dem Ettersberg zusammenfanden, um das unauslöschliche Gedenken der Helden und Märtyrer mit dem Kampfruf gegen die Wiederkehr der Barbarei zu verbinden, fehlte die Fahne mit dem uralten Emblem des Davidsterns, welches die jüdischen Opfer des faschistischen Terrors vertreten hätte. Hier, in diesem Buche, ist sie neben der roten gehißt."*[20]

Zweig beschwor einerseits den Mythos von der Befreiung und den toten Häftlingen als Helden und nahm den Kampf gegen den Faschismus in der Gegenwart auf, womit er auf einer Linie mit der SED lag. Als jüdischem Überlebenden war ihm aber

19 Im Feuer vergangen. Tagebücher aus dem Ghetto, Berlin (Ost) 1958.
20 Zweig, Arnold: Vorwort, in: Im Feuer vergangen, S. 5–9, Zitat S. 9.

auch ganz persönlich daran gelegen, den Umgang mit NS-Tätern in der Bundesrepublik anzuklagen. Andererseits übte er klare Kritik an dem Gedenkritus der SED, denn dieser fehle die jüdische Perspektive. Das Vorwort zeigt, wie Zweig seine ganz eigenen Vorstellungen mit politischen Wünschen, aber auch mit Kritik verbinden konnte.

Diese Bücher ermöglichten Perspektivwechsel. Die Erforschung der Shoah kam in dieser Zeit jedoch nur schleppend voran. Nach der Berliner Tagung kritisierte kein Historiker, sondern der Philosoph Wolfgang Heise, die Wissenschaft versage *„wesentlich vor dem Problem der Erklärung der Judenausrottung“*.[21] In seinen Texten plädierte er daher dafür, die antisemitische Verfolgung stärker in den Blick zu nehmen, aber nicht isoliert zu betrachten. Demnach habe der Antisemitismus u. a. dazu gedient, die deutsche Bevölkerung gegen Minderheiten aufzuhetzen und auf den Weltkrieg vorzubereiten oder auch, um in den besetzten Ländern Verbündete zu finden. Zwar unterstrich Heise die Rolle der „Finanzoligarchie“ in diesen Überlegungen. Der entscheidende Faktor zum Verständnis der NS-Verbrechen sei jedoch das von den Nazis angestrebte *„Herrenmenschentum als Ordnung“*.[22] Denn diese Ideologie sei geprägt von einem *„phantastischem Glauben an die gnadenhafte eigene Rassenkraft mit blinder Unterordnung und Wundergläubigkeit“*. In ihrem Gegenspiel von *„arischer Heilsrasse und teuflisch-jüdischer Gegenrasse“* trage diese Weltanschauung daher *„religiöse Züge“*.[23] Heises Überlegungen erinnern an Saul Friedländers These vom „Erlösungsantisemitismus“, mit dem er die besondere Rolle der Judenfeindschaft im Denken Hitlers und der NS-Ideologie zu

21 Heise, Wolfgang: Antisemitismus und Antikommunismus, in: Deutsche Zeitschrift für Philosophie 9:12 (1961), S. 1423–1445, hier S. 1432.

22 Heise: Antisemitismus und Antikommunismus, S. 1436–1439.

23 Heise, Wolfgang: Aufbruch in die Illusion. Zur Kritik der bürgerlichen Philosophie in Deutschland, Berlin (Ost) 1964, S. 281–333, Zitat S. 320. Siehe hierzu Schlenstedt, Dieter: Auf der Suche nach den Gründen der Barbarei. Wolfgang Heise auf der Berliner Historiker-Konferenz 1961, in: Peitsch, Helmut (Hrsg.): Nachkriegsliteratur als öffentliche Erinnerung. Deutsche Vergangenheit im europäischen Kontext, Berlin/Boston 2019, S. 170–198.

bestimmen versuchte. Dem rassistischen Antisemitismus habe Hitler eine religiöse Dimension hinzugefügt, indem er die Vorstellung von Juden als den ‚Weltfeinden' geschaffen habe, von denen es sich zu befreien gelte.[24] Bei Heise finden sich ähnliche Überlegungen, doch anders als bei Friedländer blieb bei ihm die Rolle der Industrie stets präsent.

Dieses Dilemma konnte die DDR-Geschichtswissenschaft nie ganz auflösen. Denn wenn hinter den Nazis tatsächlich die Monopole gestanden und auf ihren Profit gepocht hätten, wie sollte dann der Massenmord erklärt werden? Anders gefragt: wenn jüdische Deportierte zur Zwangsarbeit verpflichtet und ausgebeutet werden sollten, wieso brachte man sie dann um? Um 1960 hatten Wissenschaftler*innen in der DDR dem Holocaust durchaus Aufmerksamkeit gewidmet. Allerdings blieben die meisten einer politischen Haltung verpflichtet, die im Zweifelsfall andere Stimmen ausblendete, wie der Fall Helmut Eschwege zeigt.

Der eingangs zitierte Historiker Helmut Eschwege ist kein Unbekannter mehr. Seine Autobiographie wird häufig zitiert, um die Stellung der jüdischen Gemeinden in der DDR oder die Erforschung der Shoah zu beschreiben. Sein umfangreicher Nachlass wurde hingegen lange ignoriert.[25] Dabei findet sich darin ein früher Versuch einer Gesamtdarstellung der Shoah, weshalb Eschwege zu den Pionieren der Holocaustforschung gezählt werden muss – in beiden deutschen Staaten. Auf 1.400 Seiten präsentierte er ein breites Panorama der Verfolgung und Ermordung der deutschen Juden im Nationalsozialismus.[26] Dabei stützte er sich weniger auf Archivfunde, denn der Zugang zu den Quellen wurde ihm meistens verwehrt, sondern zitierte ausführlich aus den Berichten Überlebender. Er nutzte auch Quellenmaterial, das das Jüdische Historische

24 Friedländer, Saul: Das Dritte Reich und die Juden. Gesamtausgabe, München 2008, S. 87–128.

25 Siehe Walther, Alexander: (Jüdische) Historiker*innen in der DDR und die Erforschung von Judentum und Shoah, in: Ganzenmüller, Jörg (Hrsg.): Jüdisches Leben in Deutschland und Europa nach der Shoah (= Europäische Diktaturen und ihre Überwindung, Bd. 26), Köln 2020, S. 195–218.

26 Zentralarchiv zur Erforschung der Geschichte der Juden in Deutschland (ZA), B.2/11, Nr. 6-9.

Institut herausgegeben hatte oder Sekundärliteratur anderer früher Holocaustforscher. Eschwege präsentierte eine beeindruckende Sammlung unterschiedlicher Perspektiven auf das Thema, hielt sich mit Thesen und Interpretationen jedoch zurück. Als einer der ersten aber stellte er konsequent die Perspektive der Betroffenen in den Mittelpunkt. Seine Technik erinnert ebenfalls an Saul Friedländer, der für eine *„integrierte Geschichte“* der Shoah plädierte, also einen Text, in dem Täter- und Opferperspektiven gleichermaßen berücksichtigt werden. Genau dies tat auch Eschwege. Um etwa die Deportationen zu schildern, zitierte er zunächst aus dem Protokoll der Wannsee-Konferenz und verwies auf entsprechende Gesetze. Danach aber gab er den Opfern eine Stimme und zitierte Abschiedsbriefe von Berliner Juden, die vor ihrer Deportation Suizid begangen hatten.[27]

Das Projekt traf auf Widerstand. Eschwege hatte ganz bewusst versucht, sein Manuskript in einem günstigen Zeitpunkt – der Verhaftung Eichmanns – bei einem Verlag einzureichen. Dem ZK der SED schrieb er 1960, gerade der bevorstehende Eichmann-Prozess zeige, dass in der DDR noch immer keine Monographie zur Shoah existiere. Seine Arbeit sei also auch für die Parteiführung von großem Wert.[28] Zunächst ging sein Plan auch auf, denn im ZK sicherte man ihm Unterstützung zu. Bald gab es jedoch starke Kritik an seinem Text. In den folgenden Jahren wurden zahlreiche Gutachter um Einschätzungen gebeten, die das Projekt insgesamt zwar lobten, Eschweges Methode aber kritisierten. Zwei Hauptkritikpunkte lassen sich ausmachen: ein politischer und einer die Perspektive betreffend.

Zum einen störte man sich daran, dass die Kommunistische Partei und ihr Widerstand in Eschweges Studie kaum Erwähnung fanden. Die zentrale Bedeutung kommunistischen Widerstandes für den Antifaschismus der DDR wurde

27 ZA, B.2/11, Nr. 8, Bl. 547–575.

28 Helmut Eschwege an Kurt Hager, 7.6.1960, Bundesarchiv Berlin (BArch), DY 30/83179, Bl. 417 f.

inzwischen hinreichend dargestellt und soll hier nicht wiederholt werden.[29] Der Einwand verweist zudem auf die fundamental unterschiedlichen Erfahrungen, die jüdische und nicht-jüdische Verfolgte gemacht hatten. Ein Gutachter war der erwähnte Stefan Heymann, der als Jude *und* Kommunist verfolgt worden war. In Auschwitz und Buchenwald als „Funktionshäftling" eingesetzt, stand Heymann in der Häftlingshierarchie höher als etwa die Masse der jüdischen Gefangenen im „kleinen Lager" in Buchenwald.[30] Wenn Eschwege aus den Erinnerungen jüdischer Überlebender des „kleinen Lagers" zitierte, stieß das bei Heymann auf Kritik. Denn er hatte Buchenwald anders erlebt. Für ihn zählten Solidarität unter den Gefangenen und der organisierte Widerstand des Internationalen Lagerkomitees.[31] Einen Text, der einer anderen Erfahrung so viel Raum gab, mochten Heymann und andere kommunistische Überlebende nicht akzeptieren.

Der zweite Punkt erlaubt einen deutsch-deutschen Vergleich. Die Gutachter stießen sich nicht nur an Eschweges Literatur- und Quellenauswahl, die sie als zu bürgerlich verwarfen. Man kritisierte auch, dass er fast ausschließlich jüdische Überlebende zitierte. *„Grundsätzlich kann man ein Buch, was sich gegen die Judenverfolgung richtet nicht fast ausschließlich mit jüdischen Veröffentlichungen schreiben,"* befand ein Gutachter.[32] Darin liegt der Hinweis verborgen, dass „jüdische Veröffentlichungen" nicht objektiv seien und sich damit nicht als Grundlage einer wissenschaftlichen Arbeit eigneten. Auch in der Bundesrepublik sahen sich jüdische Historiker*innen mit diesen Vorwürfen konfrontiert. Die Pionierarbeiten H. G. Adlers, Gerald Reitlingers oder Joseph Wulfs wurden entweder

29 Siehe u.a. Barck, Simone: Antifa-Geschichte(n). Eine literarische Spurensuche in der DDR der 1950er und 1960er Jahre, Köln/Weimar/Wien 2003.

30 Siehe Hartewig: Zurückgekehrt, S. 158–164.

31 Die Gutachten Heymanns in ZA, B.2/11, Nr. 13.

32 Gutachten Henry Görschler, 24.7.1962, ZA, B.2/11, Nr. 13.

lange von der Fachwelt ignoriert oder als unzureichend verworfen.[33] In seinem bekannten Briefwechsel mit Saul Friedländer schrieb der langjährige Leiter des Instituts für Zeitgeschichte in München, Martin Broszat, von einer „‚heilige[n] Nüchternheit'", die man sich selbst auferlegt habe. Natürlich müsse man aus „Respekt vor den Opfern" einer „*mythischen Erinnerung Raum*" lassen.[34] Doch in den Erinnerungen der Betroffenen und ihren Studien erkannte er nur einen geringen Wert für die Wissenschaft. Ganz ähnlich hatte es schon zwanzig Jahre zuvor ein Gutachter über Helmut Eschwege ausgedrückt: „*Das menschlich verständliche und integre Bestreben des Autors, für seine ermordeten Leidensgenossen und Familienangehörigen Partei zu nehmen, verdient Dank und Respekt. Aber es kann nur im Bündnis mit nüchterner Wissenschaftlichkeit eine abgerundete Publikation hervorbringen.*"[35] Letztlich sprachen somit deutsche nicht-jüdische Historiker auf beiden Seiten des Eisernen Vorhangs jüdischen Wissenschaftler*innen die Befähigung zur vermeintlich „richtigen" Auseinandersetzung mit der Shoah ab.

Gegen diese Vorwürfe konnte Eschwege nichts ausrichten und sein Buch nie veröffentlichen. 1966 erschien lediglich sein Quellenband „Kennzeichen J", in dem die Opferperspektive nur noch einen geringen Teil einnahm.[36] Dennoch brachte die Diskussion um Eschweges Buch Schwung in die Debatte. Der Historiker Rudi Goguel, ein nicht-jüdischer kommunistischer Überlebender, hatte Eschweges Projekt trotz mancher Kritik wohlwollend begleitet. Für den Quellenband

33 Siehe Berg, Nicolas: Der Holocaust und die westdeutschen Historiker. Erforschung und Erinnerung (= Moderne Zeit, Bd. 3), Göttingen 2003; Corsten, Anna: „Unerbetene Erinnerer"? Emigrationshistoriker in den USA als Impulsgeber für die Aufarbeitung von Nationalsozialismus und Holocaust in der Bundesrepublik, in: Groß, Dominik / Nebe, Julia (Hrsg.): Forschung zwischen Freiheit und Verantwortung. Die wissenschaftshistorische Perspektive (= Studien des Aachener Kompetenzzentrums für Wissenschaftsgeschichte, Bd. 20), Kassel 2018, S. 199–232.

34 Broszat, Martin / Friedländer, Saul: Um die „Historisierung des Nationalsozialismus". Ein Briefwechsel, in: Vierteljahrshefte für Zeitgeschichte 36:2 (1988), S. 339–372, Zitat S. 343; 361.

35 Gutachten Horst Dohle, 2.2.1966, BArch, DR 1/16739.

36 Eschwege, Helmut: Kennzeichen J. Bilder, Dokumente, Berichte zur Geschichte der Verbrechen des Hitlerfaschismus an den deutschen Juden 1933–1945, Berlin (Ost) 1966.

skizzierte er in einem Vorwort die Genese des Holocaust und fand dabei einen Kompromiss, der die Rolle der Industrie und des Regimes berücksichtigte. Demnach seien nur in der Verfolgung der Juden die wirtschaftlichen Interessen den rassistischen untergeordnet worden. Hitler habe den Monopolen Profite garantiert und im Gegenzug dazu die Erlaubnis erhalten, sein „antisemitische[s] Kampfprogram[m]“ durchzusetzen.[37] Für den damaligen Kontext war diese Einschätzung geradezu revolutionär. Denn nur kurz zuvor war noch ein Historiker gerügt und strafversetzt worden, weil er Hitler und dem Regime eine „gewisse Selbstständigkeit“ gegenüber den Monopolen attestiert hatte.[38] Die Diskussion über die Shoah war in den 1960er-Jahren noch stark politisch beeinflusst und entwickelte sich nur in kleinen Schritten.

Forschungen seit den 1970er-Jahren

Die Historiker*innen in der DDR blieben dem Prinzip verhaftet, Erklärungen immer in großen Linien zu suchen. Den Schlüssel zum Verständnis der NS-Verbrechen wurde seit den frühen 1970ern verstärkt in einem Dokument gesehen: dem Generalplan Ost. Darin war die Vertreibung und Ermordung großer Bevölkerungsteile im besetzten Osteuropa und die Ansiedlung von Deutschen konzipiert worden. In den Plänen schienen alle Kompromisse aufzugehen. Der deutsche Imperialismus, also die ‚Monopole‘ und die Nationalsozialisten, hätte nach der Weltherrschaft gestrebt. Der ihm eigene Rassismus habe zu der Planung geführt, Osteuropa von vermeintlich minderwertigen Rassen zu befreien und als Siedlungsland für arische Deutsche zu benutzen. Die Plünderungen und Eroberung von Ressourcen hätten wiederum die wirtschaftlichen Interessen

37 Kennzeichen J, S. 9–23, Zitate S. 18 f.

38 Paulus, Günter: Die zwölf Jahre des tausendjährigen Reiches. Streiflichter auf die Zeit der faschistischen Diktatur über Deutschland, Berlin (Ost) 1965, S. 68. Siehe auch Sabrow, Martin: Das Diktat des Konsenses. Geschichtswissenschaft in der DDR 1949 – 1969 (= Ordnungssysteme. Studien zur Ideengeschichte der Neuzeit, Bd. 8), München 2001, S. 371–393.

der Industrie befriedigt. Die Ermordung der jüdischen Bevölkerung in diesen Gebieten sei daher nur der erste Schritt in einer längeren Reihe weiterer geplanter Verbrechen gewesen.[39]

Dieser Ansatz wurde nach dem Ende der DDR kritisiert, denn tatsächlich blieb in dieser Theorie höchst spekulativ, in welchem Ausmaß die Deutschen weitere Verbrechen im besetzten Osteuropa verübt hätten. Die Shoah als *nur* eines von vielen noch zu begehenden Verbrechen zu betrachten, erschien wie eine bewusste Negierung ihrer Präzedenzlosigkeit.[40] Aus Sicht der DDR-Geschichtswissenschaft ergab das Modell jedoch Sinn. Nur so konnte der Widerspruch zwischen ökonomischen Interessen, imperialen Absichten und Massenmord erklärt werden. Der Plan diente Historikern wie Klaus Drobisch und dem vielleicht prominentesten Holocausthistoriker der DDR, Kurt Pätzold, außerdem dazu, die aus ihrer Sicht bürgerliche Geschichtsschreibung zu kritisieren. Denn diese würde, bewusst oder methodisch bedingt, den Mord an den Juden aus dem notwendigen größeren Zusammenhang lösen.[41] Zwar können diese Angriffe mit dem Systemkonflikt beider Staaten erklärt werden, doch die Debatte verweist auch auf ein grundsätzliches Problem in der Analyse der Holocaustforschung in der DDR. Ostdeutsche Historiker*innen dachten entlang bestimmter Gesetzmäßigkeiten und Schemata des historischen Materialismus. Die Shoah als ein jede Vorstellungskraft sprengendes, sich einer rationalen Erklärung entziehendes Ereignis zu betrachten, kam ihnen nicht in den Sinn.[42] Darin aber eine bewusste Leugnung der Präzedenzlosigkeit des Holocaust zu sehen, wäre verfehlt. Vielmehr kann gerade der Versuch, den Massenmord in größeren Zusammenhängen von Herrschafts- und Ordnungsvorstellungen einzubetten, als Versuch

---

39 Siehe u. a. Drobisch, Klaus u. a. (Hrsg.): Juden unterm Hakenkreuz. Verfolgung und Ausrottung der deutschen Juden 1933–1945, Berlin (Ost) 1973, S. 223 f.; 275 f.

40 Käppner: Erstarrte Geschichte, S. 157.

41 Juden unterm Hakenkreuz, S. 276.

42 Siehe Dietrich, Christian: Ein stiller Wandel. Die DDR-Geschichtswissenschaft in den 1970er- und 1980er-Jahren. Relektüre der Arbeiten Kurt Pätzolds, in: Zeitschrift für Geschichtswissenschaft 68:1 (2020), S. 47–62, hier S. 57.

ostdeutscher Historiker*innen verstanden werden, das auch für sie schwer zu fassende Verbrechen zu erklären und ihr genuines Erkenntnisinteresse zu befriedigen.

Zudem wäre es ahistorisch, die damaligen Arbeiten vor dem Hintergrund des heutigen Forschungsstandes bewerten zu wollen. Auch in der Bundesrepublik dauerte es Jahrzehnte, bis eine intensivere Erforschung der Shoah begann und erst die letzten dreißig Jahre brachten jene Erkenntnisse, die heute weitgehend Konsens sind. Auch die Vorstellung von der Shoah als singulärem Ereignis fand sich zwar schon während des Krieges in den Schriften jüdischer Verfolgter, wurde von der Geschichtswissenschaft aber erst seit den 1980er-Jahren bekräftigt.[43] Zudem fanden sich einzelne Forschungsansätze schon in der DDR. Auf die aktuell erneut diskutierten Zusammenhänge und Kontinuitäten deutscher Kolonialverbrechen und der Shoah verwies 1966 schon Horst Drechsler, der sich als einer der ersten deutschen Historiker mit dem Genozid an den Herero und Nama beschäftigte.[44] Auch über die Bedeutung von Großraumplanungen und einer beabsichtigten Neuordnung Europas für die Genese des Holocaust entbrannte in den frühen 1990er Jahren durch die Arbeiten Götz Alys und Susanne Heims eine erneute Debatte.[45]

Gleichwohl verbietet sich ein apologetischer Blick auf die Geschichtswissenschaft der DDR. Die Diskussion um Helmut Eschweges Forschungsprojekt zeigt, dass Historiker*innen im Zweifelsfall politischen Überlegungen gegenüber wissenschaftlichen den Vorzug gaben. Die starre Fokussierung auf

43 Siehe Löw, Andrea: „Ein Verbrechen, dessen Grauen mit nichts zu vergleichen ist“. Die Ursprünge der Debatte über die Singularität des Holocaust, in: Steinbacher, Sybille (Hrsg.): Holocaust und Völkermorde. Die Reichweite des Vergleichs (= Jahrbuch 2012 zur Geschichte und Wirkung des Holocaust), Frankfurt a. M. 2012, S. 125–143.

44 Drechsler, Horst: Südwestafrika unter Deutscher Kolonialherrschaft. Der Kampf der Herero und Nama gegen den deutschen Imperialismus (1884–1915), Berlin (Ost) 1966. Siehe hierzu Bürger, Christiane: Deutsche Kolonialgeschichte(n). Der Genozid in Namibia und die Geschichtsschreibung der DDR und BRD (= Histoire, Bd. 105), Bielefeld 2017.

45 Aly, Götz / Heim, Susanne: Vordenker der Vernichtung. Auschwitz und die deutschen Pläne für eine neue europäische Ordnung, Hamburg 1991. Siehe auch Schneider, Wolfgang (Hrsg.): „Vernichtungspolitik“. Eine Debatte über den Zusammenhang von Sozialpolitik und Genozid im nationalsozialistischen Deutschland, Hamburg 1991.

einen materialistischen Zugang zur Vergangenheit und die damit einhergehende Fixierung auf die Rolle der Eliten ließ kaum Raum für alternative Interpretationen oder differenziertere Analysen. Andere Erklärungsansätze wurden im Zweifelsfall als bürgerlich und unbrauchbar verworfen. Auch der Zugang zu Archivquellen blieb vielen Historikern, nicht nur Helmut Eschwege, oft verwehrt sobald es sich um jüdische Geschichte handelte. Dies lag zwar auch an der mangelnden Bereitschaft der etablierten Geschichtswissenschaft, Außenseitern wie Eschwege formale Unterstützung zukommen zu lassen. Maßgeblich aber war die grundlegende Skepsis der Staats- und Parteiführung dem Thema gegenüber. Einzelne Aktenbestände blieben bis zum Ende der DDR gesperrt. Die Episode um Eschwege zeigt zudem, dass es in der Erforschung der Shoah eine deutsch-deutsche Dimension gab. Es brauchte in beiden Staaten lange, bis das Thema größere Aufmerksamkeit erhielt, denn die frühen Forschungen jüdischer Überlebender wurden lange nicht zur Kenntnis genommen und im Zweifelsfalls als subjektiv und unwissenschaftlich verworfen.[46]

Somit bleibt am Ende ein ambivalentes Bild. Jüdische Opfer standen nur selten explizit im Fokus ostdeutscher Historiker*innen. Von allzu plakativen und verkürzten Scheinzusammenhängen, die man mitunter zwischen Industrie und NS-Regime zu erkennen glaubte, abgesehen, konnte die DDR-Geschichtswissenschaft jedoch erste Erkenntnisse liefern. Die Rolle deutscher Konzerne bei der Zwangsarbeit in Konzentrationslagern und der Kriegswirtschaft war im Osten deutlicher früher ein Thema als im Westen.[47] Über die gesamte DDR-Zeit hinweg blieb es jedoch Außenstehenden vorbehalten, wichtige Impulse zu liefern. Von den jüdischen Überlebenden in der unmittelbaren Nachkriegszeit über

46 Siehe Berg: Holocaust; Walther: (Jüdische) Historiker*innen.

47 Siehe Seeber, Eva: Zwangsarbeiter in der faschistischen Kriegswirtschaft. Die Deportation und Ausbeutung polnischer Bürger unter besonderer Berücksichtigung der Lage der Arbeiter aus dem sogenannten Generalgouvernement (1939–1945) (= Schriftenreihe des Instituts für Geschichte der Europäischen Volksdemokratien an der Karl-Marx-Universität Leipzig, Bd. 3), Berlin (Ost) 1964.

Wissenschaftsaußenseiter wie Helmut Eschwege waren dies meist fachfremde Interessierte, darunter der Gerichtsreporter Rudolf Hirsch oder der Journalist Heinz Knobloch, die neue Perspektiven auf das Thema warfen.[48] Auch die Verlage der DDR brachten neues Material ein, von den Schriftsteller*innen ganz zu schweigen. Die Shoah war sicherlich kein prominentes Thema in der Faschismusforschung der DDR. Sie aber auf einfache Propaganda zu reduzieren, wird weder den Akteur*innen noch der insgesamt schwierigen Forschungsgeschichte gerecht.

48 Hirsch, Rudolf (Hrsg.): Ghetto. Berichte aus dem Warschauer Ghetto: 1939–1945, Berlin (Ost) 1966; Knobloch, Heinz: Herr Moses in Berlin. Auf den Spuren eines Menschenfreundes, Berlin (Ost) 1979; Walther, Alexander: Der Gerichtsreporter als Zeuge: Rudolf Hirsch und die Erinnerung an die Schoah in der DDR, in: Jahrbuch des Simon-Dubnow-Instituts 17 (2020), S. 183–210.

ANNETTE LEO

„Opfer der Nürnberger Gesetzgebung“

Die VVN und ihre jüdischen Mitglieder

1947 wurde die Vereinigung der Verfolgten des Naziregimes VVN in allen vier Besatzungszonen als überparteiliche demokratische Interessenvertretung der Widerstandskämpfer und Verfolgten gegründet. Sie ging hervor aus den zahlreichen OdF-Ausschüssen[1], die von überlebenden Häftlingen – vor allem aus dem politischen Widerstand – bereits unmittelbar nach der Befreiung 1945 eingerichtet worden waren, manche spontan, manche auf Anweisung der Besatzungsmächte. Die OdF-Ausschüsse waren erste Anlaufstellen zur Registrierung und zur sozialen Betreuung der Verfolgten, sie versorgten sie mit Lebensmitteln und Kleidung und stellten ihnen Wohnungen zur Verfügung. Von Anfang an formulierten die OdF-Ausschüsse auch den Anspruch, bei der Neugestaltung der Gesellschaft nach dem Zusammenbruch des NS-Regimes entscheidend mitzuwirken. Mit der Gründung der VVN verstärkten sich diese politischen Bestrebungen.

Auch nach der Gründung der beiden deutschen Staaten 1949 verstand sich die VVN weiterhin als einheitliche Organisation. Es war jedoch nicht zu übersehen, dass sich mit dem Beginn des Kalten Krieges in Ost und West völlig unterschiedliche Bedingungen für ihre Tätigkeit herausbildeten. Die VVN in der Bundesrepublik wurde seit 1950 als „radikale

---

1 OdF – Opfer des Faschismus.

Organisation“ eingestuft, ihre Mitglieder wurden vom öffentlichen Dienst ausgeschlossen. In einem zunehmend antikommunistisch aufgeladenen Klima büßte sie bald ihre politische Bedeutung und ihre Überparteilichkeit ein. Trotz einiger Anläufe in den 1950er und 1960er Jahren, die Organisation zu verbieten, existiert sie – erweitert um den Zusatz „Bund der Antifaschisten“ und seit 2004 wieder gesamtdeutsch – bis heute.

Ich werde mich hier auf die VVN in der SBZ/DDR konzentrieren. Dort verlief die Entwicklung sehr viel anders. In den ersten Jahren besaß die Vereinigung ein großes politisches und moralisches Gewicht. Führende Funktionäre der SED und Vorstandsmitglieder der Jüdischen Gemeinden waren dort aktiv. Die VVN war in der Nationalen Front vertreten, stellte Abgeordnete für die Kreis- und Landtage, später für die Volkskammer. Sie vertrat nicht nur die sozialen Interessen der ehemals Verfolgten. Auch die gesellschaftliche Auseinandersetzung mit der nationalsozialistischen Vergangenheit sah sie als ihre Aufgabe an. Die VVN unterhielt Kurheime, gab mehrere Zeitschriften heraus und verfügte über einen Buchverlag. Sie organisierte die Gedenktage für die Opfer des Faschismus, wirkte bei Straßenumbenennungen mit und nahm Einfluss auf die antifaschistische Erziehung der Jugend. Erste Konzeptionen für die Gestaltung der KZ-Gedenkstätten entstanden im Rahmen der Organisation. Die VVN richtete Ermittlungsstellen ein, die eng mit den Justizbehörden zusammenarbeiteten und in denen Informationen über untergetauchte Naziverbrecher gesammelt wurden. 1948 begann die VVN in vielen großen und kleinen Städten Forschungsstellen aufzubauen, die zwar keine Forschung betrieben, wie wir sie heute verstehen, die aber Zeugnisse und Erinnerungsberichte über Widerstand und Verfolgung sammelten. Die Arbeits- und Sammelgebiete dieser Forschungsstellen umfassten fast das gesamte Spektrum von Widerstand und Verfolgung. Auch die Mitglieder der Vereinigung repräsentierten die Breite der unterschiedlichen Erfahrungen: Vom Kommunistischen Widerstandskämpfer über den Zeugen Jehovas bis zum Deserteur. Neben den Vertretern des politischen Widerstands – vor allem den Kommunisten – spielten bis 1949/50 auch Angehörige des Widerstandskreises des 20. Juli eine wichtige Rolle. Die zahlenmäßig größte Gruppe bildeten die aus den Lagern, dem Untergrund und aus der Emigration zurückgekehrten Juden.

Die anfangs postulierte Überparteilichkeit der VVN wurde seit 1948 in dem Maße ausgehöhlt, in dem die neuen Allianzen und Gegnerschaften des Kalten Krieges die politische Landschaft veränderten und die SED die Dominanz in den leitenden Gremien erlangte. Im Februar 1953 – auf dem Höhepunkt der stalinistischen Säuberungen, die nun in eine deutlich antisemitische Richtung wiesen – wurde die Organisation schließlich auf Anweisung des SED-Politbüros aufgelöst. Das Ganze wurde als Selbstauflösung proklamiert – aber man sollte besser von einem Verbot sprechen. Das Gedächtnis an die gescheiterten Anfänge eines praktizierten antifaschistischen Bündnisses war bis 1989 quasi ausgelöscht.

Die Überparteilichkeit der VVN, das heißt die Zusammenarbeit von Verfolgten und Gegnern des NS-Regimes unabhängig von ihrer politischen Überzeugung, ihrer sozialen Zugehörigkeit, religiösen Bindung bzw. den unterschiedlichen Gründen für ihre Verfolgung war von Anfang bis zum Ende der Existenz der VVN ein Streitpunkt. Es war vor allem die SED-Führung, die bestrebt war, sich die Kontrolle über die Organisation zu sichern. Im geteilten Berlin stieß sie dabei jedoch auf Widerstand. Dort gab es noch eine starke Sozialdemokratische Partei, die sich die SED 1946 nicht hatte einverleiben können.

Die jüdischen Mitglieder der VVN

Die Auseinandersetzung um den Platz der überlebenden Juden innerhalb der Gruppe der NS-Verfolgten setzte bereits unmittelbar nach Kriegsende in den Ausschüssen für die Opfer des Faschismus ein, die mehrheitlich von aus der Haft befreiten politischen Häftlingen gegründet worden waren. Wir alle haben wohl den häufig zitierten Satz schon einmal gehört oder gelesen, der vermutlich von Ottomar Geschke, dem ersten Vorsitzenden des Berliner OdF-Hauptausschusses stammt und der bezeugt, dass die geringe Sensibilität für die Verbrechen des Holocaust bis weit in die Reihen der Leidensgefährten der NS-Verfolgung reichte. Geschke zählte die deutsche Zivilbevölkerung und die gefallenen Wehrmachtssoldaten, die Zeugen Jehovas und die „Arbeitssaboteure" zu „Opfern des Faschismus", um im gleichen Atemzug die Juden zu nennen, *„die als Opfer des faschistischen Rassenwahns verfolgt und ermordet wurden"*. Aber, so fuhr er fort, *„so weit können wir den Begriff ‚Opfer des Faschismus' nicht ziehen. Sie haben alle geduldet und Schweres erlitten, aber sie haben nicht gekämpft."*[2]

Bereits wenige Monate später, im Oktober 1945 auf der Leipziger Tagung von Vertretern der OdF-Ausschüsse aus allen Teilen der SBZ wurde diese Einstellung korrigiert und die Juden, die Rückkehrer aus dem Exil, die Männer und Frauen des 20. Juli, die Zeugen Jehovas und weitere Verfolgtengruppen, doch bei weitem nicht alle, als Opfer anerkannt.

Im Berliner OdF-Hauptausschuss, der zwar keine übergeordnete aber doch eine gewisse Leitfunktion innehatte, wurde eine Abteilung „Opfer der Nürnberger Gesetzgebung" gegründet, geleitet von Julius Meyer und Heinz Galinski. Vor allem dem Engagement dieser beiden Überlebenden von Auschwitz und Ravensbrück bzw. Bergen Belsen, die zu den Gründungsmitgliedern der Berliner Jüdischen Gemeinde gehörten, war dieser Meinungsumschwung zu verdanken. Allerdings standen hinter ihnen die Westalliierten, die in Berlin gemeinsam mit der Sowjetischen Besatzungsmacht regierten und die eine Ausgrenzung der aus rassistischen Gründen Verfolgten aus der Anerkennungspraxis nicht dulden wollten.[3]

---

2 Deutsche Volkszeitung, 1.7.1945, zit. nach Elke Reuter/Detlef Hansel: Das kurze Leben der VVN von 1947 bis 1953, Berlin 1997, S. 80f.

3 Über Julius Meyer und Heinz Galinski siehe auch den Beitrag von Andreas Weigelt in diesem Band.

Auf der Leipziger Tagung kam der deutlichste Widerstand gegen die Erweiterung des Opferbegriffs, so vermerken es Elke Reuter und Detlef Hansel in ihrer ausführlichen Geschichte der VVN, vom Delegierten Thüringens. Richard Grosskopf, kommunistischer Widerstandskämpfer, der im Zuchthaus und Konzentrationslager gesessen hatte und in der DDR später Oberstleutnant der Staatssicherheit wurde, erklärte laut Protokoll: *„Opfer des Faschismus ist ein bestimmter Typ von Kämpfern und den wollen wir erhalten (...) Wir wollen den Typus des immerwährenden Kämpfers entwickeln"*. Ein paar Sätze später fragte er: *„Können wir vertreten, dass alle diese Leute nun auf einmal Opfer des Faschismus sind?"*[4]

Es folgte eine emotionale Antwort von Leon Löwenkopf, Vorsitzender der Jüdischen Gemeinde Dresden. Löwenkopf hatte nach seiner Flucht aus dem Warschauer Ghetto in einer jüdisch-polnischen Widerstandsgruppe gekämpft, wurde erneut verhaftet und überlebte die Konzentrationslager Majdanek, Auschwitz und Sachsenhausen. Er müsse sich hier, so sagte er, wieder als Jude fühlen, obwohl er geglaubt hatte, dies sei heute nicht mehr nötig. Mit bitteren Worten erinnerte er an die NS-Verfolgung und an die Zeit im Konzentrationslager, wo die Juden auf der untersten Stufe der Hierarchie der Häftlinge gestanden und von den politischen Haftkameraden wenig Solidarität erfahren hatten.[5]

Aber nun zur VVN, die im Wesentlichen aus den OdF-Ausschüssen hervorging. Ohne die Möglichkeit einer Archivrecherche kann ich zu den jüdischen Mitgliedern in der Organisation nur einzelne aus den verschiedenen Quellen zusammengetragene Beobachtungen hier vorstellen.[6] Ein

4 Archiv IVVdN, Akte Konferenz der Ausschüsse der Opfer des Faschismus, 27./28.10.1945, Diskussionsbeitrag Grosskopf, zit. nach Reuter/Hansel, S. 83

5 Diskussionsbeitrag Löwenkopf, in: Ebenda, S. 84.

6 In den Monaten vor der Tagung „Widerspruchsvoller Neubeginn", aus der dieser Band hervorging, waren die Archive aufgrund der Corona-Pandemie geschlossen. Ich beziehe meine Angaben deshalb vor allem aus einem Studium der VVN-Akten von Berlin und Brandenburg zu Beginn der 1990er Jahre und aus der Publikation von Elke Reuter und Detlef Hansel: Das kurze Leben der VVN von 1947 bis 1953.

Gesamtbild ergibt sich daraus nicht. Die meisten Juden waren in der Berliner VVN organisiert, die zugleich die mitgliederstärkste Landesgruppe war. Aufgrund des Viermächtestatus der Stadt nahm die Berliner VVN eine Sonderrolle ein und verstand sich ausdrücklich nicht als Teil der VVN der SBZ. Weil die Vereinigung hier von allen vier Besatzungsmächten zugelassen werden musste, zog sich der Gründungsprozess bis 1948 hin. In Berlin war auch die fragile Überparteilichkeit in den Gremien am deutlichsten ausgeprägt. Im ersten Vorstand der Berliner VVN waren neun jüdische NS-Opfer vertreten, unter ihnen Jeannette Wolff, Bruno Baum, Fritz Katten, Hans-Erich Fabian, Heinz Galinski und Arnold Munter, die der SPD und der SED angehörten oder parteilos waren. Die Zusammenarbeit zwischen VVN und Jüdischer Gemeinde funktionierte zunächst gut, nicht zuletzt weil Repräsentanten der Gemeinde häufig zugleich Vorstandsmitglieder in der VVN waren.

Jeanette Wolff war SPD-Abgeordnete in der – zu diesem Zeitpunkt noch – Gesamtberliner Stadtverordnetenversammlung und Mitglied der Jüdischen Gemeinde. Sie legte allerdings bereits wenige Monate nach ihrer Wahl als Co-Vorsitzende der VVN ihre Funktion nieder und trat aus der Vereinigung aus. In einem Schreiben an den Vorstand begründete sie ihre Entscheidung mit dem nicht erfüllten Versprechen der parteipolitischen Neutralität der VVN.[7] Gleichzeitig gab sie wohl in der hochgespannten Situation – kurz vor Währungsreform und Berlin-Blockade – dem Druck ihrer Partei nach.

Bruno Baum war Funktionär der SED. Wegen politischen Widerstands war er zu einer Zuchthausstrafe verurteilt worden und wurde danach als Jude nach Auschwitz deportiert. Zweifellos fühlte Baum sich vor allem dem Kollektiv der Widerstandskämpfer zugehörig.

Fritz Katten war stellvertretender Vorsitzender der Repräsentanten-Versammlung der Berliner Jüdischen Gemeinde,

7 Vgl. Reuter/Hansel, S. 185.

SED-Mitglied und Verwaltungspolizeidirektor im Rang eines Obersten.

Zu den jüdischen Mitgliedern der VVN zählten demnach gläubige Juden und Jüdinnen ebenso wie Kommunisten und Sozialdemokraten, die aus jüdischen Familien stammten, die sich jedoch von der Religion ihrer Vorfahren entfernt hatten. Sie alle waren aus den Konzentrationslagern befreit worden, aus dem Exil zurückgekehrt oder hatten versteckt im Untergrund überlebt. Eine weitere relativ große Gruppe waren die mit nichtjüdischen Partnern verheirateten Männer oder Frauen sowie deren erwachsene Kinder, die auch in Protokollen der VVN noch mit dem Nazi-Unwort „Mischlinge" bezeichnet wurden. Fast bis zum Ende des NS-Regimes waren die meisten von ihnen vor der Deportation in die Vernichtungslager geschützt gewesen. Allerdings hatten sie Berufsverbot erlitten, hatten häufig Zwangsarbeit leisten müssen und ihre Kinder blieben von jeglicher Bildung ausgeschlossen. In den ersten Nachkriegsjahren waren nur wenige aus dieser letztgenannten Gruppe als Verfolgte anerkannt worden, sie konnten sich jedoch in der VVN engagieren.

Im Vergleich zur Berliner Vereinigung, war die Anzahl der jüdischen Mitglieder in den anderen VVN-Landesorganisationen der Sowjetischen Besatzungszone viel geringer. In größeren Städten und Industriezentren dominierten meist die NS-Gegner aus der Arbeiterbewegung – Kommunisten und Sozialdemokraten – die nun in der SED „zwangs"vereint waren. Trotzdem spielten die wenigen Juden auch dort eine gewichtige Rolle. So war zum Beispiel der bereits erwähnte Leon Löwenkopf gleichzeitig Vorsitzender der Jüdischen Gemeinde Dresden und Mitglied des engeren Vorstands der VVN der SBZ. In den ländlichen Regionen von Mecklenburg, wo es nur wenig Widerstand gegeben hatte, wurde die VVN bisweilen von jüdischen Rückkehrern aus den Lagern oder dem Exil geleitet. So im Fall der Ortsgruppe Ludwigslust. Zum ersten Vorsitzenden und dessen Stellvertreter wurden 1947 Max Löwy und Kurt Wittkowski gewählt, beides rassistisch Verfolgte. Eine der ersten Aktivitäten der Ludwigsluster Gruppe galt dem jüdischen Friedhof. In Verbindung mit der Jüdischen Gemeinde erbaten sie vom sowjetischen Kommandanten die Genehmigung, den verwahrlosten und teilweise zerstörten Ort wieder zu einer würdigen Stätte herrichten zu können.[8]

Die Kooperation zwischen den VVN-Organisationen und den jeweiligen jüdischen Gemeinden funktionierte lange Zeit recht gut. Zwar war nicht zu übersehen, dass die Organisation mehr und mehr unter die Kontrolle der SED geriet, zwar lebte bei vielen Mitgliedern und Funktionären das Vorurteil gegen diejenigen, die *„nicht gekämpft hatten"* fort, doch blieb die VVN letztlich die einzige Verbündete in der Gesellschaft der SBZ/DDR, auf die sich die Gemeinden in ihrem Kampf gegen das Erbe des Nationalsozialismus, gegen den immer noch starken oder wieder erstarkenden Antisemitismus und für eine Wiedergutmachungsregelung stützen konnten.

Fritz Katten verglich in einer Rede während der 2. Delegiertenkonferenz der Berliner VVN im Februar 1949 die VVN mit einem *„feste(n) Damm"*, *„den wir schon wieder gegen die anbrandende braune Flut bauen"*.[9] Das sagte er übrigens wenige Wochen, bevor er als „amerikanischer Agent" verhaftet wurde. Weil er angeblich sowjetisch-jüdischen Armeeangehörigen zur Flucht nach Palästina oder den USA verholfen hatte, wurde er von einem sowjetischen Militärtribunal zu 25 Jahren Haft verurteilt und erst 1956 vorzeitig entlassen.

Vier Geschichten

Im Folgenden möchte ich vier Geschichten aus Berlin und Brandenburg erzählen, die von der Zusammenarbeit zwischen VVN und Jüdischen Gemeinden handeln, von der Mühsal des Neubeginns und die auf verschiedene Weise die Zwiespältigkeiten der damaligen Situation bezeugen.

---

8 Ebenda, S. 314f.

9 Landesarchiv Berlin IV L-2/15/007, zit nach Reuter/Hansel, S. 196.

Die erste Geschichte spielt in Lübben, Spreewald, im Frühjahr 1951. Am 2. März schrieb ein Vertreter des VVN Kreisverbandes Lübben an die Jüdische Gemeinde Berlin, sie hätten vor kurzem in der Stadt Lübben, Eschen-Allee „Marmortafeln mit jüdischer Schrift als Straßenpflasterung" entdeckt. Sie hätten sich erkundigt, woher diese Tafeln sind und erfahren, dass an dieser Stelle bis 1936 ein jüdischer Friedhof gewesen sei. Er wurde damals eingeebnet und eine Straße darüber angelegt.

> *„Die Einfassungen der Grüfte dienen als Bordsteine und die Gedenksteine (gemeint sind die Grabsteine A. L.) wurden zu Schotter zerschlagen und als Pflasterung verwandt. (...) Täglich laufen hunderte Menschen (dar)über und keiner findet daran etwas auszusetzen. Uns Kameraden der VVN geht sowas an die Nieren und wir bitten Euch, doch jemanden zu uns zu schicken, damit wir mit Euch beraten können, was in dieser Angelegenheit zu tun ist."*[10]

Im Ergebnis dieser Beratung verfasste der VVN-Kreisverband Lübben eine Eingabe an den Ministerpräsidenten des Landes Brandenburg und beantragte die Wiederherstellung des zerstörten Jüdischen Friedhofs. Der brandenburgische Innenminister antwortete am 14. August 1951 dem Generalsekretariat der VVN in Berlin, dass die Angelegenheit im Juni in der Sitzung des Rates der Stadt Lübben zur Sprache gekommen sei. *„Es wurde dort der Standpunkt vertreten, dass alles versucht werden muss, das Gelände des ehemaligen Friedhofs als Parkanlage mit einem Gedenkstein herzurichten."* Das Friedhofsgelände sei entweder im Jahr 1936 oder 1941 – die Angaben der Bewohner widersprechen sich – an die Firma Teichmann verkauft worden und gehöre heute zum Volkseigentum. Der Rat der Stadt Lübben habe inzwischen einen Antrag an die Landesregierung gestellt, um dieses Gelände zurück

10 VVN-Kreisverband Lübben, 2. März 1951, in: Bundesarchiv SAPMO, Bestand VVN Brandenburg, DY55/465.

zu bekommen. Der Briefschreiber aus dem Innenministerium meinte, dass dies „ohne weiteres durchführbar" sei. Er gab allerdings seinem Befremden darüber Ausdruck, dass sich der VVN-Kreisverband an die Jüdische Gemeinde und nicht direkt an den Rat der Stadt Lübben gewandt habe.[11]

Was mit den Grabsteinen geschehen sollte, die die Bürger der Stadt jeden Tag mit Füßen traten, wird in dem Brief nicht vermerkt. Aber immerhin – es geschah etwas und dass es verhältnismäßig schnell geschah, hatte sicher auch damit zu tun, dass VVN und Jüdische Gemeinde hier gemeinsam agierten.

Das zweite Beispiel handelt von einem Konflikt um die ehemalige Synagoge Nauen, die vom NS-Staat 1938 für 1000 RM verkauft worden war. Der Kreisverband der VVN Osthavelland schrieb im Juni 1949 an Julius Meyer, den Präsidenten des Landesverbandes der Jüdischen Gemeinden in der SBZ, dass die Stadtverwaltung die Rückgabe von Synagoge und Friedhof an den Landesverband der Jüdischen Gemeinden zu verhindern versucht habe, indem sie die Objekte nicht auf die Restitutionsliste (gemäß Befehl 82) gesetzt habe[12]. Eine Eingabe des VVN-Kreisverbandes an den Innenminister sei wegen Ablaufs der Frist zurückgewiesen worden. Schließlich habe der VVN-Vertreter in direkter Rücksprache mit dem Nauener Bürgermeister dennoch erwirkt, dass die Synagoge an die Jüdische Gemeinde zurückgegeben werde. Da es in Nauen – wie auch im gesamten Kreis Osthavelland – keine Juden mehr gab, sollte dem VVN-Kreisverband das Gebäude zur Nutzung überlassen werden.[13] Das Kreissekretariat des Verbandes konnte schließlich in das Gebäude einziehen und die VVN kümmerte sich in den folgenden Jahren mit Nachdruck um eine würdige Gestaltung des zerstörten jüdischen Friedhofs. Die Grabsteine

---

11 Landesregierung Brandenburg, Minister des Innern, 14. 8. 1951, in: Ebenda.

12 Der Befehl 82 der Sowjetischen Militäradministration vom 29. April 1948 regelte die Rückgabe der durch den nationalsozialistischen Staat enteigneten Vermögenswerte an die demokratischen Organisationen.

13 Kreisverband VVN Osthavelland, 9. 7. 1949 u. 15. 7. 1949, in: Bundesarchiv SAPMO, Bestand VVN Brandenburg, DY55/466.

allerdings waren nicht mehr auffindbar, es heißt, ein Steinmetz habe sie weiter verarbeitet. Seit 1988 gibt es an der Fassade der Goethestraße 11 eine künstlerisch gestaltete Gedenktafel.

Ein ähnlich erfolgreiches Zusammenwirken von VVN und Jüdischer Gemeinde konnte 1948/49 in Kremmen die Einebnung des dortigen jüdischen Friedhofs verhindern. Ein aufmerksamer Bürger hatte die Jüdische Gemeinde in Berlin alarmiert: der Kremmener Friedhofswärter würde die Grabdenkmäler an eine Hennigsdorfer Firma verkaufen und die Stadtverwaltung wolle den Friedhof nun ganz verschwinden lassen, weil dort seit mehr als 30 Jahren keine Beerdigungen mehr stattgefunden hätten. Der Bürgermeister von Kremmen, der selbst Mitglied der VVN gewesen sein soll, wich angesichts des gemeinsamen Protestes von VVN-Kreisverband und Jüdischer Gemeinde zurück. Im November 1949 gab er in einem Schreiben kurz zur Kenntnis, der jüdische Friedhof sei mittlerweile „in einen würdigen Zustand“ versetzt worden.

Bemerkenswert ist in dem Zusammenhang ein Brief von Julius Meyer an die besonders aktive Nauener VVN, in dem er seiner Freude darüber Ausdruck verlieh *„dass sich die VVN um vollkommen jüdische Angelegenheiten kümmert“*. Er fuhr fort:

> *„wir glauben darin den besten Beweis zu haben, dass die VVN wirklich die Organisation ist, der jeder mit frohem Herzen beitreten sollte und mit allen ihm zu Gebote stehenden Mitteln den Kampf der Organisation mit unterstützen sollte (...) Wir freuen uns, dass wir nicht als die Jüdische Gemeinde dafür kämpfen brauchen und wissen, dass gerade dieser Kampf für die gerechte Sache in besten Händen bei der VVN Nauen liegt.“* [14]

Ich lese dieses Schreiben als ein Zeichen der Hoffnungen, die die Jüdische Gemeinde damals in die VVN setzte. Es war die

14 Brief Julius Meyer 29. 6. 1949, in: Ebenda.

Hoffnung darauf, dass die überlebenden Juden nach allem, was geschehen war, im Land der Täter wieder einen Platz finden würden, dass angesichts der Achtlosigkeit und mangelnden Sensibilität der Mehrheitsbevölkerung, die mit ihren eigenen Problemen beschäftigt war und an die Holocaust-Verbrechen möglichst nicht erinnert werden wollte, zumindest ein kleiner Teil der Gesellschaft bereit war, sich gemeinsam mit ihnen mit dem Erbe des Nationalsozialismus auseinanderzusetzen.

Das weitere Schicksal des Kremmener Friedhofs spricht in diesem Zusammenhang eine deutliche Sprache: Seit dem Ende der 1950er Jahre – die VVN existierte nicht mehr – verwahrloste der Friedhof erneut. Weitere Grabsteine verschwanden, das Gelände wurde vom benachbarten allgemeinen Friedhof als Müllabladeplatz genutzt und erst 1988 wieder hergerichtet.[15]

Die vierte Geschichte ist von etwas anderer Art. Sie spielt im November/Dezember 1948 in der Gemeinde Vöhlkow, im Kreis Güstrow/Mecklenburg. Der Wandergewerbetreibende Max Lewinsohn, der in dem Ort unterwegs war, um Spielwaren und Kurzwaren zu verkaufen, wurde auf die Anzeige einiger Bewohnerinnen des Ortes hin von einer Polizeistreife angehalten, weil er seine Artikel, wie es hieß, „zu Überpreisen“ anbieten würde. Zu Überpreisen jedenfalls im Vergleich zum Preisniveau von 1944. Lewinsohn verteidigte sich mit dem Argument, er habe diese Waren von einer Berliner Firma zu diesen Preisen erworben und könne sie deshalb nicht billiger abgeben. Wachtmeister Braun stellte daraufhin, wie es in seinem Bericht heißt, „die Sachen sicher“, er lieferte sie im Kreispolizeiamt Güstrow ab und wies Lewinsohn an, sich dort melden.[16]

Der Händler ging jedoch nicht zur Polizei, sondern zum VVN-Kreissekretär von Güstrow, Paul Malachinski, der gleichzeitig

15 Siehe den Eintrag „Jüdischer Friedhof Kremmen“ bei Wikipedia.
16 Bericht Wachtmeister Braun, 27. 11. 1948, in Bundesarchiv SAPMO Bestand VVN Berlin, DY55/414.

den örtlichen OdF-Ausschuss leitete und ebenso als politischer Leiter der SED-Organisation fungierte. In der Hoffnung, dort Schutz und Hilfe zu finden, zeigte Lewinsohn ihm seinen OdF- und seinen VVN-Ausweis. In seiner Stellungnahme gegenüber dem Berliner OdF-Hauptausschuss behauptete Paul Malachinski später, Lewinsohn habe ihm 50 DM angeboten, damit er sich für die Freigabe seiner Waren einsetzen würde. Er habe diesen Bestechungsversuch empört zurückgewiesen. Wegen der verlangten „Wucherpreise" habe Lewinsohn *„das Ansehen der OdF und der VVN auf das schändlichste beschmutzt"*. Deshalb habe er ihm beide Ausweise abgenommen und sie zum Odf-Hauptausschuss nach Berlin geschickt.[17]

In Lewinsohns Stellungnahme gegenüber dem Hauptausschuss kommen die 50 DM nicht vor. Er gab stattdessen zu Protokoll, Malachinski habe, nachdem er seinen Namen gelesen hatte, wörtlich gesagt: *„Die Berliner Parasiten müssen ausgerottet werden!"* und ihn anschließend hinausgeworfen.[18] Wäre es nach dem Güstrower VVN-Vorsitzenden gegangen, wäre der Gewerbetreibende wohl aus der Vereinigung ausgeschlossen worden und überdies hätte ihm die Aberkennung des Verfolgten-Status gedroht, was damals nicht selten vorkam. Doch die Berliner VVN behandelte den Fall anders. Die Geschäftsstelle im Westberliner Bezirk Reinickendorf, wo Lewinsohn wohnte, stellte ihm ein durchweg positives Zeugnis aus und unterstützte seine Beschwerde über das Verhalten von Malachinski. *„Uns erscheint die Angelegenheit etwas sonderbar"*, heißt es in dem Schreiben, und: wir *„haben den Eindruck, dass der betreffende Kamerad etwas antisemitisch eingestellt ist."*[19]

Am Ende erhielt Lewinsohn – nicht zuletzt durch die Unterstützung der Berliner Jüdischen Gemeinde – seine VVN- und OdF-Ausweise zurück. Die von der Polizei beschlagnahmten

17 Brief Malachinski, 30. 11. 1948, in: Ebenda.
18 Protokoll der Stellungnahme Max Lewinsohn, 15. 11. 1948, in: Ebenda.
19 VVN Berlin Bezirk Reinickendorf, 1. 2. 1949, in: Ebenda

Waren mussten ihm wieder ausgehändigt werden. Allerdings wurde er wegen „Preisüberschreitung“ mit einer Ordnungsstrafe in Höhe von 200 DM belegt. In Ermangelung von Bargeld bot er daraufhin dem Kreispolizeiamt seine Waren zum Verkauf an. Das heißt, er gab sie für nur ein Drittel der Summe her, die er selbst dafür bezahlt hatte. Der Güstrower Kriminalsekretär Streuer berichtet, das Kreispolizeiamt habe die Waren für eine Weihnachtstombola gespendet. Mit seiner Unterschrift habe Lewinsohn bestätigt, die Artikel freiwillig abgetreten zu haben. Ein Einspruch könne deshalb nicht erhoben werden.[20]

Wiedergutmachung

Die Einflussnahme auf ein Wiedergutmachungsgesetz war für die VVN von großer Bedeutung. 1947 wurde dazu innerhalb der Organisation eine eigene Wiedergutmachungskommission gebildet, der sowohl SED-Funktionäre als auch Repräsentanten der Jüdischen Gemeinde (Julius Meyer und Leon Löwenkopf) angehörten. Sie brachte eigene Vorschläge ein und war zunächst an den Diskussionen um den vom SED-Zentralsekretariat erarbeiteten Gesetzentwurf beteiligt. Während über die Paragraphen, die eine besondere soziale und gesundheitliche Betreuung der Verfolgten, den Ausgleich von beruflichen Nachteilen und Nachteilen im Rentenrecht usw. regelten, weitgehende Einigkeit herrschte, bestand von Anfang an ein Dissens – auch innerhalb der VVN-Kommission selbst – um die Frage der materiellen Wiedergutmachung bzw. der Rückerstattung der von den Nationalsozialisten enteigneten Vermögenswerte. Dieser Teil betraf hauptsächlich die überlebenden Juden, die bei weitem nicht alle in der SBZ/DDR lebten. Der Beschluss des Zentralsekretariats der SED von 1948, der die „arisierten“ Unternehmen, die in den Jahren zuvor sequestriert worden waren, zu Volkseigentum erklärte,

20 Bericht Kriminalsekretär Streuer, 7. 3. 1949, in: Ebenda

schuf schließlich vollendete Tatsachen. Eine Rückerstattung war damit ausgeschlossen. Allein die Vertreter der verfolgten Juden – Meyer, Löwenkopf und Galinski – protestierten gegen diesen Gesetzentwurf und bezeichneten dieses Vorgehen als eine erneute Enteignung. Die VVN-Gremien jedoch erhoben keinen Einspruch.

Stalinistische Säuberungen

Die stalinistischen Säuberungen, die seit 1949/50 in der SBZ/DDR das politische Klima bestimmten, erschütterten nachhaltig das ohnehin fragile Bündnis zwischen den unterschiedlichen Opfern der NS-Verfolgung in der VVN. Vertreter des sozialdemokratischen, des bürgerlichen, des christlichen Widerstands, Zeugen Jehovas, Kämpfer in der jugoslawischen Partisanenarmee, Rückkehrer aus dem West-Exil wurden als Trotzkisten, Titofaschisten, Renegaten und Agenten des Imperialismus stigmatisiert, ausgegrenzt oder sogar verhaftet, während zur gleichen Zeit die VVN-Mitglieder aufgefordert wurden, „Kampfgemeinschaften" mit den nunmehr rehabilitierten ehemaligen NSDAP-Mitgliedern und Wehrmachtsoffizieren zu bilden.

Die letzte Phase der Säuberungen, die 1952 mit dem Slansky-Prozess in Prag eingeleitet wurde, hatte eine unverhüllt antisemitische Richtung und löste große Beunruhigung unter den jüdischen VVN-Mitgliedern aus. Sie alle bezogen seit 1945 Pakete der jüdischen Hilfsorganisation „Joint"[21], die über die jüdischen Gemeinden verteilt wurden, und sahen sich nun dem Vorwurf ausgesetzt, einer imperialistischen Agentenzentrale anzugehören. Die Repräsentanten einiger jüdischer Gemeinden der DDR wurden im Januar 1953 von der Staatssicherheit bzw. der Zentralen Kontrollkommission der SED zu Verhören vorgeladen, in denen sie ihre geheimdienstlichen

21 Der volle Namen lautet: American Joint Distribution Committee.

Verbindungen „gestehen“ sollten, und sie aufgefordert wurden, die Listen mit den Namen der Empfänger der Hilfspakete herauszugeben. Julius Meyer (Berlin), Leon Löwenkopf (Dresden), Günther Singer (Erfurt), Leo Eisenstädt (Jena) und einige andere Repräsentanten der Jüdischen Gemeinden flohen am 16. Januar nach Westberlin. Die Ereignisse überstürzten sich. Nur wenige Tage später stigmatisierte der Zentralvorstand der VVN die Geflüchteten als „zionistische Agenten“, die „sich zu ihren Auftraggebern“ begeben hätten und stieß sie aus der Organisation aus. Elke Reuter und Detlef Hansel merken dazu an, dass seitens der leitenden VVN-Gremien auch intern keinerlei Distanz zu solchen haltlosen Vorwürfen erkennbar gewesen sei, und dass kein Versuch unternommen wurde, die jüdischen VVN-Mitglieder in Schutz zu nehmen.[22] Aus Angst vor einer Verhaftungswelle oder gar einem Pogrom flohen weitere etwa 300 Juden aus der DDR. In Versammlungen mussten die Mitglieder der VVN die Urteile des Slansky-Prozesses begrüßen. Jeglicher Kontakt zur Jüdischen Gemeinde galt nun als suspekt. Nach dem stalinistischen Prinzip der Kontaktschuld häuften sich Denunziationen. Mir kommt diese Situation, die mit dem Tod Stalins im März 1953 übrigens abrupt endete, wie ein Dammbruch vor, der den nach wie vor in der Gesellschaft schwelenden Antisemitismus wieder ans Licht brachte und eine Menge hässlicher Eigeninitiativen übereifriger Funktionäre auslöste: Die Polizei durchsuchte die Büros der jüdischen Gemeinden und beschlagnahmte Akten. In Leipzig und anderen Städten verlangten MfS-Mitarbeiter von den dortigen VVN-Organisationen die Namenslisten der jüdischen Mitglieder.[23] Es kamen sogar Fälle vor, dass lokale Verwaltungen anerkannten jüdischen Verfolgungsopfern die Lebensmittelkarten verweigerten, dass sie mit der Ausweisung aus der Wohnung drohten oder dass laufende Rentenverfahren abgebrochen wurden.[24]

22 Elke Reuter/Detlef Hansel, S. 484.
23 Ebenda S. 481.
24 Ebenda S. 507.

Das Ende der VVN

Indem die VVN-Funktionäre die antizionistische Kampagne vorbehaltlos unterstützten, gaben sie die Solidarität mit einem großen Teil ihrer Mitglieder auf und verabschiedeten sich von den Wertvorstellungen und Zielen, mit denen sie 1947 angetreten waren. Elke Reuter und Detlef Hansel sind der Meinung, dass dies durchaus nicht nur aus Überzeugung oder aus Parteidisziplin geschah, sondern dass führende VVN-Funktionäre, unter ihnen auch jüdische Kommunisten, hofften, damit die Organisation, die schon seit längerem in der Kritik der SED stand, retten zu können.[25] Offenbar hatten sie keine Ahnung davon, dass ihr Schicksal bereits besiegelt war. Die Beschlussvorlage zur Auflösung der VVN, die von dem unmittelbar zuvor von Walter Ulbricht entmachteten Franz Dahlem am 21. Februar 1953 auf der Sitzung des VVN-Zentralvorstandes eingebracht wurde, erfolgte auf Anweisung des SED-Politbüros und war ein Überraschungscoup. Anstelle der VVN wurde das Komitee der Antifaschistischen Widerstandskämpfer gegründet, ein Gremium von 32 Persönlichkeiten, das vom Zentralkomitee SED berufen wurde, das vor allem repräsentative Aufgaben erfüllte und keine selbständigen Aktivitäten mehr entwickeln konnte.

Mit dem Verbot der VVN verloren die Juden in der DDR eine wichtige Basis ihres politischen Handelns. Im weiteren Verlauf des Umgangs mit der nationalsozialistischen Vergangenheit hatten sie keine eigene Stimme mehr. Zeitgleich büßten auch die jüdischen Gemeinden ihr gesellschaftliches Gewicht ein. Die Zahl ihrer Mitglieder verringerte sich dramatisch – nicht nur durch die erwähnte Fluchtwelle in den Westen, sondern auch durch den Austritt vieler jüdischer SED-Mitglieder. Bis zum Ende der DDR blieben die Gemeinden im Wesentlichen auf die Ausübung des religiösen Kultus reduziert.

25 Ebenda S. 487.

Der „feste Damm“, von dem Fritz Katten gesprochen hatte, existierte nicht mehr. Zwar übernahmen SED und DDR-Staat einige der Aufgaben der VVN, doch das gesellschaftliche Pendant zum von oben dekretierten Antifaschismus fehlte seitdem.

Die in der DDR verbliebenen Juden mussten nach Stalins Tod zwar keine direkte Verfolgung mehr befürchten, doch die damals geäußerten Vorwürfe des Kosmopolitismus und der Agententätigkeit wurden offiziell niemals zurück genommen und so lebten sie unterschwellig fort – als Ressentiment auf der einen und als Angst auf der anderen Seite.

REGINA SCHEER

Der Preis des Überlebens

Charlotte Holzer und die Erinnerung an die Herbert-Baum-Gruppe in der DDR

Seit den achtziger Jahren habe ich über die jüdische Widerstandsgruppe um Herbert Baum geforscht. Das war schwierig, weil die erhaltenen Akten zu dieser Gruppe in den Archiven der SED und des MfS unter Verschluss lagen. Mir waren diese Akten erst seit 1990 zugänglich. So habe ich mich zunächst darauf beschränkt, Menschen aufzusuchen, die in der Öffentlichkeit als Überlebende auftraten. Zu meiner Überraschung habe ich erfahren, dass einige von ihnen sich zwar als Mitglieder der Widerstandsgruppe sahen, weil sie Herbert Baum, seine Frau Marianne, geborene Cohn und seine engsten Freunde Martin Kochmann und Sala Rosenbaum, spätere Kochmann aus dem Kommunistischen Jugendverband (KJVD) bis 1934/35 kannten, aber schon in den dreißiger Jahren durch Emigration oder Haft den Kontakt zu ihnen verloren hatten und deshalb aus eigenem Erleben nichts über den Brandanschlag auf die Propagandaausstellung „Das Sowjetparadies" am 18. Mai 1942 sagen konnten, auch nichts über die Zeit, in der der Kreis um Herbert Baum erst zu einer konspirativ arbeitenden Widerstandsgruppe wurde. Erst nach 1939/40 nahm der bis dahin informelle große Kreis um Baums und Kochmanns feste Strukturen an und verstand sich nach dem Überfall auf die Sowjetunion als eine Widerstandsgruppe.

Andere, jüngere Genossen, die sich als Überlebende der Baum-Gruppe sahen, hatten Baum und seine Freunde in der jüdischen Jugendbewegung zwischen 1935 und 1938/39, bis zu ihrer eigenen Emigration gekannt. Die Baums und die Kochmanns, seit 1931 Mitglieder im KJVD, hatten 1936, als ihr Unterbezirk Südost in Berlin zerschlagen wurde und sie als Juden aus konspirativen Gründen von nichtjüdischen Genossen „abgehängt" worden waren, den Kontakt zur Auslandsleitung des KJVD in Prag gesucht und vom Instrukteur Wilhelm Bamberger den Auftrag bekommen, sich in der noch legalen jüdischen Jugendbewegung zu engagieren, die Jugendlichen im kommunistischen Sinne zu erziehen. Man ging von einem nahen Zusammenbruch des Nationalsozialismus aus. Da Baum, der Elektriker war und dem als Juden ein Studium verwehrt wurde, ohnehin über das Charisma eines guten Pädagogen verfügte, fasste er schnell Fuß in jüdischen Jugendgruppen, vor allem im zionistischen Habonim und im liberalen Ring-Bund jüdischer Jugend. Dabei nützlich waren seine eigenen Anfänge in der jüdischen Jugendbewegung, aus der ihm Kontakte geblieben waren, so zu Walter Sack und Judith Kozminski. Die eigentlichen Leitungen der jüdischen Jugendverbände wussten nicht von Baums kommunistischer Beeinflussung. Auch nicht alle Jugendlichen erlebten politische Schulungen, sondern erinnerten sich später mit Begeisterung an Wochenendausflüge, solange das möglich war, an die Gemeinsamkeit, mit der die Isolation und Vereinzelung durchbrochen wurde.

Die beiden Ehepaare Baum und Kochmann waren vom Jahrgang 1912, nur wenige Jahre älter als die Jugendlichen, die sie fortan um sich scharten. Einige dieser damaligen Jugendlichen, die aus ihren Exilländern in die DDR remigriert waren, traten auch als Überlebende auf, wobei sie zum Brandanschlag und den Jahren seit 1939 natürlich nichts sagen konnten. 1987 lernte ich auch Ilse Stillmann kennen, die als Mitglied der Baum-Gruppe galt. Sie kannte das Ehepaar Baum und einige der von ihm angeleiteten Jugendlichen von der Zwangsarbeit in der Judenabteilung bei Siemens, hatte sich aber damals bis auf einen einmaligen Besuch in Baums Wohnung von der Gruppe ferngehalten, weil sie deren sichtbaren Zusammenhalt und die Treffen in der Gruppe ablehnte. Sie hatte selbst Kontakt zu einem kommunistischen Widerstandskreis um Hans Fruck, der in der DDR dann einer der Stellvertreter von Mielke im Ministerium für Staatssicherheit (MfS) war. Fruck lehnte wie Ilse Stillmann die Gruppenarbeit von Baum ab, weil er sie zu Recht für gefährlich hielt und weil für ihn vor allem Betriebsarbeit im klassischen Sinne und Sabotage Widerstandsarbeit waren. Sabotage aber war in der von der Gestapo überwachten Judenabteilung völlig unmöglich. Herbert Baum hielt im Sinne seines Auftrags durchaus auch das Zusammensein mit den Jugendlichen, die Freizeitaktivitäten, die Schulungen und geselligen Abende für Widerstandsarbeit, weil es für ihn darum ging, das Selbstbewusstsein und die Selbstbehauptung der Jugendlichen zu stärken, ihnen Orientierung und Lebensmut zu vermitteln.

Obwohl also Ilse Stillmann Frucks ablehnende Haltung teilte, trat sie als Überlebende der Gruppe auf, die sie als eine kommunistische Gruppe darstellte. Das sei ein Parteiauftrag, sagte sie mir 1987 mit großer Selbstverständlichkeit und es sei ja auch richtig, sonst würde diese Gruppe noch von Israel vereinnahmt.

Es gab eine frühe Darstellung der Gruppe durch Stefan Hermlin, dem allerdings kaum Unterlagen zur Verfügung standen und auch keine Zeitzeugen, weil ja nahezu alle ermordet worden waren, in der er die kommunistische Zugehörigkeit, die ja keineswegs auf alle zutraf, hervorhebt. Und in der einzigen umfassenden Darstellung der Baum-Gruppe, die in der DDR 1978 im Militärverlag erschien, sie hieß nicht wie ursprünglich vorgesehen „Juden im Berliner Widerstand“, sondern „Jugend im Berliner Widerstand“, weil das Wort Juden zu dieser Zeit noch merkwürdig tabuisiert war, war von einer *„kämpfenden Gruppe unseres ruhmreichen Kommunistischen Jugendverbands Deutschlands“* die Rede.[1]

1 Margot Pikarski „Jugend im Berliner Widerstand“, Militärverlag der DDR, 1978

Bei meinen Recherchen schon vor 1990 begriff ich also, dass die Gruppierung, die Herbert-Baum-Gruppe genannt wurde – das war nie eine Selbstbezeichnung – zu verschiedenen Zeiten verschieden agierte. Während die Baums und die Kochmanns bis zur Mitte der 30er Jahre tatsächlich Bestandteil des illegal arbeitenden KJVD waren, traten sie anschließend in der Jüdischen Jugendbewegung auf, ohne dass sie dort direkt in die Strukturen eingebunden waren. Erst nach dem Überfall auf die Sowjetunion wandelte sich der wechselnde Kreis von Jugendlichen um Baum zu einer festen Gruppe mit festen Strukturen, wobei noch eine bis dahin selbständige Gruppe von Jugendlichen um Heinz Joachim zu ihnen stieß. In dieser letzten Phase der Gruppe waren sie 24 Mitglieder, junge Frauen und Männer in gleicher Anzahl. Sie besorgten sich einen Abziehapparat, verfassten und verteilten Schriften, vor allem aber bereiteten sie nach dem Beginn der Deportationen im Herbst 1941 ihr eigenes Überleben vor, indem sie sich Ausweise von französischen und belgischen Zwangsarbeitern besorgten, Französisch lernten und in der Umgebung von Berlin Zimmer anmieteten. Das Geld für die Ausweise, die Zimmermiete und für einen Lebensmittelvorrat beschafften sie durch Schwarzmarktgeschäfte. Das entsetzte Stillmann und Fruck, weil es gegen die Regeln der Konspiration verstieß, wie sie nach dem Krieg auch in mehreren internen Berichten der Partei gegenüber äußerten. Aber den jungen Juden blieb nichts anderes übrig, ihre Lage war angesichts der anhaltenden Deportationen eine ganz andere als die von nichtjüdischen Widerstandsgruppen.

Um die Jahreswende 1940/41 fand Herbert Baum endlich Kontakt zu einer anderen illegal arbeitenden Gruppe, der Steinbrinck-Franke-Gruppe, die ebenso isoliert von übergeordneten Leitungen war. In dieser Gruppe arbeiteten neben nichtjüdischen Kommunisten auch einige, die als Halbjuden galten. Aus dieser Gruppe kam Anfang Mai 1942 der Vorschlag zu einem Brandanschlag auf die antisowjetische

Propagandaausstellung „Das Sowjetparadies". Sie folgten mit diesem Aktionismus einer illegalen Schrift, die zu dieser Zeit zirkulierte, das sogenannte 18-Seiten-Papier „Organisiert den revolutionären Massenkampf", dessen Herkunft bis heute umstritten ist. Sie hielten es für eine Anleitung der illegalen kommunistischen Leitung, die zu Aktionen aufforderte. In der Steinbrinck-Franke-Gruppe wurden auch die Brandsätze hergestellt. Am Brandanschlag am 18. Mai nahmen Angehörige beider Gruppen teil, die meisten hatten sich nie zuvor gesehen. Die Aktion wurde kein Fanal, sie bewirkte nur eine Verpuffung und leichte Rauchentwicklung, aber eine Sonderkommission der Gestapo konnte schon am 22. Mai die ersten Verhaftungen vornehmen. Im Verlaufe der nächsten Wochen und Monate wurden alle, die in Verbindung mit Herbert Baum und seiner Gruppe gestanden hatten, aufgespürt und vernommen, an die hundert Verhaftungen gab es. Alle am Brandanschlag Beteiligten wurden hingerichtet, später auch die anderen aus der Gruppe um Baum. Nur vier oder fünf Mädchen bekamen mehrjährige Zuchthausstrafen, aber als Jüdinnen wurden auch sie 1943 in Konzentrationslager gebracht und kamen dort um.

Die beiden einzigen Überlebenden aus dieser letzten Gruppe um Baum waren Richard Holzer und Charlotte Paech, spätere Charlotte Holzer. Sie waren beide unabhängig voneinander erst 1940 in die Gruppe gekommen, sie waren auch deutlich älter als die Jugendlichen, älter sogar als Baums und Kochmanns, Charlotte wurde 1909 geboren, Richard 1911. Beide waren Kommunisten, die den Kontakt zu den illegalen Strukturen der KPD verloren hatten.

Da Charlotte Paech als Krankenschwester im Jüdischen Krankenhaus im Schichtdienst arbeitete und sich an den Wochenenden um ihr Kind kümmerte, konnte sie am Gruppenleben nur sporadisch teilnehmen. Beide waren beim Brandanschlag nicht dabei, sie waren gegen die Aktion gewesen, sagten sie später. Ich habe mit beiden leider nicht sprechen können, Richard Holzer starb 1975, Charlotte 1980.

In den letzten Jahren ihres Lebens traten beide unermüdlich als Überlebende der Baum-Gruppe auf, übernahmen Patenschaften für Namenskollektive, traten vor Jugendlichen auf, gehörten zur „Arbeitsgruppe Herbert Baum“, die nach 1967 beim Komitee der Antifaschistischen Widerstandskämpfer gegründet worden war und der neben Gefährten Baums und Kochmanns aus den Jahren vor 1939 auch Überlebende aus dem Umfeld der Steinbrinck-Franke-Gruppe angehörten.

Charlotte und Richard Holzer waren die einzigen, die die letzte Phase miterlebt hatten und die Gedenkarbeit wurde immer mehr zum Inhalt ihres Lebens.

Das war nicht immer so gewesen. In seinen ersten Lebensläufen nach 1945 hatte Richard Holzer sich sogar von der Gruppe distanziert, noch 1953 hatte er geschrieben: *„Ab 1939 habe ich dann wieder in einer Gruppe mitgearbeitet, deren ganze Geschichte schwere politische Fehler aufweist, die ich selbst auch nur zum Teil gesehen, aber nicht entschieden bekämpft habe, weil meine eigene Einsicht nicht ausreichend war.“* [2] Doch als seit Mitte der sechziger Jahre die Gruppe als antifaschistische Widerstandsgruppe anerkannt war und geehrt wurde, behauptete Holzer sogar, Baums Stellvertreter gewesen zu sein. Das war er gewiss nicht, aber es war ja niemand da, der widersprechen konnte, außer Hans Fruck, der die Zusammenarbeit mit der Gruppe abgelehnt hatte, aber die beiden einzigen nichtjüdischen Mädchen in seine Gruppe übernehmen wollte. Aber durch die, wie Fruck meinte *„Erziehung in der Gruppe Baum“*[3] gaben Irene Walther und Suzanne Wesse den Kontakt zur Baum-Gruppe nicht auf und wurden mit den anderen hingerichtet. Fruck erwähnte in seinen frühen Berichten über die Gruppe, dass Holzer nach seiner Kenntnis am Schluss ausgeschlossen worden war. Wenn es so war, wird dies vielleicht mit seiner Ablehnung des Brandanschlags zusammenhängen.

---

2 Richard Holzers Kaderakte SAPMO-BArch DY 30/IV2/11v3) SAPMO-BArch DY 30/IV2/110, Nr. 1901

3 SAPMO-BArch DY 30/IV2 110, Nr.1901

Das alles erschloss sich mir nur allmählich, als ich nach 1990 endlich in verschiedenen Archiven die Unterlagen über die Baum-Gruppe einsehen konnte. Das waren Erinnerungsberichte, vor allem über die Jahre bis 1938, verschiedene Darstellungen von Historikern, denen bis 1990 allerdings kaum Akten zur Verfügung standen und vor allem die Unterlagen der Gestapo und des Volksgerichtshofs. Natürlich sind diese Dokumente äußerst kritisch zu lesen, aber im Zusammenhang mit letzten Briefen, Gnadengesuchen, abgefangenen Kassibern, Verhörprotokollen sind sie doch wichtige Quellen, ebenso wie die Unterlagen aus dem Ministerium für Staatssicherheit, das ebenfalls Material über die Gruppe sammelte und eigene Recherchen anstellte.

Ich fand in verschiedenen Archiven, auch in Yad Vashem und im Leo Baeck Institute, frühe Berichte von Charlotte Holzer über die Gruppe, die stark voneinander abweichen, in denen auch manche Ereignisse ganz anders geschildert werden als in ihren Berichten, die in DDR-Archiven aufbewahrt wurden. Aber auch die sind sehr unterschiedlich akzentuiert, abhängig vom Entstehungsjahr. Das ist nicht selten so bei traumatischen Erinnerungen. Denn unfassbar traumatisch war, was sie erlebte. Während meiner Recherchen übergab mir ein alter Genosse, Otto Wendt, der Charlotte gut gekannt hatte, ein Manuskript, von dessen Existenz ich nichts gewusst hatte. Es war ein umfangreiches lebensgeschichtliches Interview, das Charlotte 1966/67 dem befreundeten Journalisten Dieter Heimlich gegeben hatte. Darin spricht sie bemerkenswert unverblümt über ihre Erlebnisse. Reflexionen über Intimes, über ihre Sexualität und private Nöte stehen neben den Erfahrungen in der Zeit der Verfolgung, in der Gestapo-Haft, auf der Flucht. Man erfährt Details aus den Gestapo-Gefängnissen in der Großen Hamburger Straße und im Weddinger Jüdischen Krankenhaus, die so nirgends sonst zu finden sind, weil von denen, die dabei waren, kaum einer überlebt hat. Sie erinnert sich an Namen und Vorgänge, die sonst vergessen sein würden. Anders als in den offiziellen Berichten hält sie sich in diesem Interview an keinerlei Sprachregelungen, spricht, wie man so sagt, von der Leber weg. Das macht den dokumentarischen Wert dieses Dokuments aus. Aber da stehen auch einseitige, abwertende Urteile über andere Gruppenmitglieder und Mitgefangene, über Tote, die sich nicht mehr rechtfertigen können.

Ich las nach 1990 in den Verhörprotokollen der Gestapo-kommissare Fischer und Neumann, dass Charlotte Paech sich anders verhalten hatte als alle anderen.[4] Man kann sagen, dass alle Jugendlichen um Baum und auch die Älteren bis zum letzten Moment Zusammenhalt gezeigt hatten, außer sich selbst haben sie in den Verhören niemanden belastet. Jeder von ihnen hing am Leben, sie waren ja noch so jung, voller Begabungen und Hoffnungen. Aber auch angesichts des Todes zeigten sie, ich kann es nicht unpathetischer sagen, edelste menschliche Eigenschaften. Diese Verhörprotokolle zu lesen, die letzten Briefe, die verzweifelten Gnadengesuche und zu wissen, dass diese wunderbaren Menschen unter dem Fallbeil endeten, auch dafür gibt es detaillierte Protokolle, hat mich manchmal an den Rand meiner Kraft gebracht. Über Jahre verfolgten mich diese Zeugnisse, diese gewaltsam abgebrochenen Leben. Ich war froh, mich mit dem Historiker Michael Kreutzer austauschen zu können, der das alles auch kannte und schon Anfang der 90er Jahre eine Ausstellung zur Baum-Gruppe gestaltet hatte, auch über sie publiziert hat.[5]

Charlotte Paech war nach den ersten Verhaftungen im Mai 1942, als auch ihr geschiedener Mann Gustav Paech, kein Jude, verhaftet worden war, untergetaucht. Monatelang irrte sie zwischen verschiedenen Quartieren umher, erfuhr im August von den ersten Hinrichtungen, sorgte sich um ihre 1933 geborene Tochter, die, in Waisenhäusern und Pflegefamilien

4 Die Verhörprotokolle Charlotte Holzers von der Gestapo IV A1 waren 1990 im BAZw Hoppegarten unter ZC 10905 zu finden.

5 „Juden im Widerstand“ (Hrg. Wilfried Löhken, Werner Vatke), Edition Hentrich 1993. Darin Michael Kreutzer: „Die Suche nach einem Ausweg, der es ermöglicht, in Deutschland als Mensch zu leben. Zur Geschichte der Widerstandsgruppe um Herbert Baum“. Die Ausstellung „Juden im Widerstand“ fand 1993 in Berlin statt.

aufgewachsen, jetzt bei der Mutter von Gustav Paech untergebracht war. Ihr Freund Richard Holzer, der die ungarische Staatsbürgerschaft besaß, hatte nach Ungarn fliehen können. Charlotte Paech wurde am 8. Oktober 1942 verhaftet, in der Neanderstraße in Berlin Mitte in einem sogenannten Judenhaus in der Kochstube der bereits verhafteten Rita und Herbert Meyer. Rita Meyer gehörte nicht zur Gruppe, aber ihr Mann Herbert war der Bruder Gerd Meyers, der am Brandanschlag beteiligt war und zu den ersten im August 1942 Hingerichteten gehörte. Rita und Herbert, Eltern eines kleinen Mädchens, stellten ihre Stube immer wieder den untergetauchten Gruppenmitgliedern zur Verfügung, die sich dort ausruhen und waschen konnten. Charlotte wurde an diesem 8. Oktober von der Gestapo dort erwartet. Es gibt ein Protokoll[6] von ihrer Verhaftung. Sie versuchte noch in der Wohnung, vergebens, eine Giftkapsel zu schlucken. Stunden später im Polizeipräsidium versuchte sie sich in einem Warteraum am Gürtel aufzuhängen, auch das misslang. Während des ersten Verhörs wurde sie misshandelt. Sie machte Aussagen. In dem Interview mit Dieter Heimlich steht dazu nur: *„Als ich nun in der Zelle war, war ich fast zufrieden. Ach, die Hetzerei vorbei. Viel verraten kannst du nicht mehr.“*

Aber es war nicht vorbei, wochenlang wurde Charlotte aus ihrer Zelle geholt und vernommen. Nicht alle Verhörprotokolle sind erhalten, aber aus den vorhandenen ist ersichtlich, dass sie zunehmend flüssig über ihre Kontakte, ihre Helfer und alles, was die Kommissare wissen wollten, berichtete. Sie nannte auch Namen, die der Gestapo noch nicht bekannt waren, wenn sie die Nachnamen nicht wusste, wenigstens die Vornamen und sie stellte Überlegungen an, wo man sie auffinden könnte. Sie hat später gesagt, dass der Gestapo schon alles bekannt war, aber mehrere Menschen kamen allein durch ihre Aussagen in Haft und überlebten nicht. Sie nannte den

6 SAPMO-BArch ZPKK DY30 IV2

jungen Herbert Budzislawski, auch er ein Mitglied der Baum-Gruppe, sie kannte ihn gar nicht, bis sie ihn beim Apotheker Kurt Bernhardt in der Ackerstraße traf, der mehreren Untergetauchten half, auch ihr selbst. Herbert Budzislawski, dessen Aufenthaltsort die Gestapo nicht kannte und Kurt Bernhardt wurden verhaftet, beide überlebten nicht.

Charlotte sagte aus, woher sie ihre Lebensmittelkarten hatte, nämlich von den untergetauchten Juden Wilhelm Markstahler und Martin Joseph, sie gab an, wo man die finden könnte. Ihre Helfer nannte sie und auch viele Details, die die Gestapo nicht hätte nachweisen können, so erwähnte sie unnötigerweise die Homosexualität eines Bekannten. Anfangs versuchte sie noch zu retten, was nicht zu retten war, deutete nur an, verdrehte Namen, aber dann hatte sie sich aufgegeben und wurde in dieser Phase zu einem Werkzeug der Gestapo.

In dem Interview mit Dieter Heimlich wird das ausgespart, es gab andere Schrecknisse genug zu berichten.

Aber ich fand in den Archiven auch die Protokolle einer Parteiüberprüfung von Charlotte und Richard Holzer aus dem Jahre 1952.[7] Damals lebten ja noch Leidensgefährten aus den Lagern in der Großen Hamburger Straße und dem Gefängnis im Jüdischen Krankenhaus, aus dem Untersuchungsgefängnis Moabit und es gab Gerüchte über Charlottes Kooperation mit der Gestapo.

Charlotte saß nun Anton Joos und Paul Laufer von der ZPKK, der Zentralen Parteikontrollkommission, gegenüber, zwei erfahrenen Genossen, die schon im Sicherheitsapparat der KPD gearbeitet hatten, deren Aufgabe es war, Verrat aufzuspüren.

Sie muss sich gefühlt haben wie bei der Gestapo. Die Männer vor ihr misstrauten ihr, Charlotte wusste nicht, was die schon wussten und wie bei der Gestapo versuchte sie zunächst abzustreiten, dann halb zuzugeben, was nicht zu

7 „Ergebnis der Überprüfung der Eheleute Charlotte und Richard Holzer" vom 3.6.1952 SAPMO-BArch ZPKK DY/30 IV2

leugnen war, wieder zurückzunehmen, den Verdacht auf andere zu lenken, sie log und verhedderte sich in ihren eigenen Aussagen. Und wie bei der Gestapo brach sie schließlich zusammen. Es gibt eine mehrseitige handschriftliche Erklärung von Charlotte Holzer, geschrieben am 30. April 1952, darin gibt sie zu, *„daß ich bei der Vernehmung bei der Gestapo nicht standgehalten“* habe. Sie gibt die Namen an, die in den Verhörprotokollen vorkommen. Aber wieder behauptet sie, dass der Gestapo schon vieles bekannt war, lenkt die Aufmerksamkeit auf andere. *„Ich kann nicht sagen, ob Rita Meyer Minna Harder zuerst erwähnte.“, „Außerdem hat ihn Martin Kochmann belastet“*, sie erwähnt die marxistische Bibliothek eines noch lebenden Helfers, *„die er ohne Genehmigung der Gestapo niemals hätte haben dürfen.“* Schließlich schreibt sie: *„Ich gebe das nicht aus der gleichen Schwäche wie der Gestapo gegenüber zu, sondern weil es gegenüber der Partei keine Angabe gibt u. die Partei, auch in meinem Fall ein Recht hat zu wissen.“*[8] Für ihre Aussagebereitwilligkeit gegenüber der Gestapo macht sie eine Zellengenossin verantwortlich, Helene Schlesinger, die ihr dazu geraten habe. *„Ich bin ihrer Beeinflussung erlegen.“*

Neben dieser Erklärung gibt es noch einen handschriftlichen Nachtrag vom 2. Mai, in dem sie anderen, auch Rita Meyer, ein ähnliches Verhalten unterstellt. Dafür gibt es keinen Beleg. Und sie behauptet, der Kommissar Fischer habe sie schon vor ihrer Verhaftung beschattet und in ihrer Wohnung in der Zechliner Straße abgehört.

> *„Zusammenfassend möchte ich sagen, daß ich Fehler gemacht habe und diese Fehler haben mich gequält(...) Weder bei meinem Wiedereintritt in die Partei noch bei der Überprüfung war es aber meine Absicht, der Partei etwas vorzuenthalten, sondern ich habe nach 10 Jahren nicht mehr*

8 Handschriftliche Erklärungen von Charlotte Holzer, 30.4.1952 und 2.5.1952 SAPMO-BArch ZPKK DY IV2, S. 1949–153

daran gedacht und es war mir nicht mehr bewusst. Erst als die Akten vor mir lagen und ich dadurch von meinem Prozess mehr erfuhr, als mir selbst bis dahin überhaupt bekannt war, erkannte ich, dass es meine Pflicht war, der Partei dies alles mitzuteilen."

In all den Erklärungen und Geständnissen scheint es weniger um den Schaden zu gehen, den Charlotte mit ihren – gewiss erzwungenen und erpressten – Aussagen anderen Verfolgten zugefügt hat, als um die Schuld gegenüber der Partei.

Auch Rita Meyer, nun Rita Zocher, die Auschwitz überlebt hat, deren Mann in der Gestapohaft umgekommen ist, deren fünfjähriges Kind nicht überlebte, wird im August 1952 von der Kaderabteilung des ZK zu einem Bericht über Charlotte Holzer aufgefordert. Sie schreibt auf 12 Seiten sehr differenziert über die Kameradin, ihr Fazit: *„Ich glaube nicht, dass die Lotti bewusst Spitzeldienste geleistet hat, kann mir aber vorstellen, dass sie schwach geworden ist und die Übersicht verloren hatte. Vielleicht glaubte sie dann, dass es nicht mehr darauf ankäme?!"*[9] Laufer und Joos aber glaubten durchaus, dass Charlotte als Spitzel der Gestapo agierte. Dieser Verdacht gründete unter anderem auf der Tatsache, dass Charlotte Ende 1941 einige Tage lang im Gewahrsam der Gestapo war. Sie war verhaftet worden, weil sie zusammen mit einem Arzt in ihrer Küche eine verbotene Abtreibung an einer jüdischen Frau vorgenommen hatte. Diese Frau und ihre drei Kinder sowie der Arzt Laboschin wurden deportiert, während man Charlotte wieder freiließ, ihr eine spätere Gefängnisstraße in Aussicht stellte. Das war ungewöhnlich. Ungewöhnlich war auch, was der Strafgefangenen Charlotte Paech geschah, nachdem die Verhöre abgeschlossen waren und der Prozess wegen Hochverrat vor dem Volksgerichtshof angesetzt war. Angeklagt waren die letzten vier aus der Baum-Gruppes, neben Charlotte Paech

---

9 Rita Zochers Bericht an die Kaderleitung des ZK der SED, SAPMO BArch DY730 IV2 Bd. 2692

Felix Heymann, Marin Kochmann und Herbert Budzislawski. Charlotte Holzer hat ihr Leben lang behauptet, zum Tode verurteilt worden zu sein. Noch in ihrem Nachruf im „ND“ steht es so.

Aber sie wurde nicht verurteilt, auch nicht in Abwesenheit, sie hat gar nicht vor Gericht gestanden, ihr Verfahren wurde abgetrennt.

Ich weiß nicht, ob Laufer und Joos 1952 die Unterlagen kannten, die man heute in Archiven findet.

Am 29. Juni sollte der Prozess stattfinden.

Am 2. Juni 1943 bittet der Vorstand der Untersuchungshaftanstalten Leipzig-Kleinmeusdorf den Oberreichsanwalt beim Volksgerichtshof „tunlichst“ um umgehende Mitteilung, warum man die „Strafgefangene Charlotte Sara Paech“ in seine überfüllte Anstalt überführt habe. Sie solle da zwei Strafen absitzen, eine wegen Beihilfe zur Abtreibung (ein Monat Gefängnis) und eine wegen Kriegswirtschaftsvergehens, (ein Jahr, sechs Monate). Sie müsse sich doch aber den Unterlagen nach für den Volksgerichtshof bereithalten. Er fordert die umgehende „Rückführung der Paech“.[10]

Bei dem Kriegswirtschaftsvergehen handelte es sich um den Besitz der illegalen Lebensmittelkarten, eine Bagatelle, gemessen am Vorwurf der Beihilfe zum Hochverrat. Noch am 5. Mai 1943 war Charlotte Paech deshalb von einem Sondergericht zu anderthalb Jahren Gefängnis verurteilt worden.

Der Oberstaatsanwalt beim Volksgerichtshof fragte offenbar beim Generalstaatsanwalt vom Landgericht an, warum Charlotte Paech plötzlich in Leipzig war, und bekam am 23. Juni die Antwort, die Überführung der „Charlotte Sara Paech“ *„dürfte die Untersuchungshaftanstalt beim Kriminalgericht von sich aus veranlasst haben“*. Also waren es die Gestapo-Kriminalkommissare, die Charlotte wegschaffen ließen. War dies die Belohnung für ihre Aussagebereitschaft?

10 BAZw, Z-C 10905 Bd. 2 (alte Signatur)

Am 25. Juni bekommt der Oberreichsanwalt aus Leipzig die Mitteilung, die Strafgefangene sei zur Zeit nicht transportfähig.

Sie hatte Scharlach, musste sechs Wochen in einer Einzelzelle liegen. Als sie nach Berlin Moabit zurückkam, war der Prozess abgeschlossen, über die drei Angeklagten war die Todesstrafe verhängt worden, zwei Tage bevor am 1. Juli 1943 die 13. Verordnung zum Reichsbürgergesetz erlassen wurde, nach deren § 1 Juden nicht mehr vor deutsche Gerichte gestellt wurden.

Am 1. Oktober schickte der Oberreichsanwalt daher Charlottes Papiere an die Gestapo zurück, er war nicht mehr zuständig. Da waren Martin Kochmann, Felix Heymann und Herbert Budzislawaski schon in den sogenannten Blutnächten von Plötzensee in der Nacht vom 7. zum 8. September 1943 erhängt worden.

Charlotte Paech aber wurde am 25. Oktober 1943 aus dem Untersuchungsgefängnis Moabit zur Gestapo IV D.1 überführt. Jemand aus der Strafanstalt Moabit hat diesen Schein ausgebessert, jetzt steht da nicht mehr „überführt“, sondern: „entlassen“.[11]

Eine Gefangene blieb sie. Zunächst in der Großen Hamburger Straße, ab April 1944 in Gestapogefängnis im Jüdischen Krankenhaus. Doch sie konnte sich als Krankenschwester in den Gefängnissen frei bewegen, ab und zu bekam sie einen Passierschein, mindestens drei Mal konnte sie das Gefängnis, begleitet von jüdischen Ordnern, verlassen und ihr Kind besuchen, sich um eine Brille kümmern und anderes erledigen. Dafür hatte sie später verschiedene Erklärungen, keine klang überzeugend, also stritt sie diese Freigänge meistens ab, für die es Zeugen gab, auch die Großmutter des Kindes.

Im Juni 1944 floh Charlotte aus dem Weddinger Gefängnis. Auch für diese Flucht gibt es verschiedene Versionen,

11 BAZw, Z-C 10905 Bd. 1 S. 265 (alte Signatur)

sicher ist, der Pfarrer Poelchau half ihr weiter, sie bekam falsche Papiere, auch eine Angehörige der Bekennenden Kirche unterstützte sie. Sie gelangte nach Anklam, mischte sich dort unter französische Zwangsarbeiter, überlebte Bombenangriffe. Zum Kriegsende schlug sie sich nach Berlin durch, wurde, wie sie berichtete, mehrmals von sowjetischen Soldaten vergewaltigt. Sie ging ins Jüdische Krankenhaus, dort lag sterbend der aus dem KZ zurückgekehrte Vater ihres Kindes, Gustav Paech. Sie war krank, tief traumatisiert, so begann für sie die Zeit der Freiheit.

1946 traf sie ihren Freund Richard Holzer wieder, der von der ungarischen Armee 1943 als Zwangsarbeiter in die Ukraine deportiert worden und dort 1944 zur sowjetischen Armee übergelaufen war.

Für ihre natürlich ebenfalls zutiefst verstörte Tochter konnte sie nicht die Mutter sein, die das Mädchen brauchte, sie gab sie in ein jüdisches Kinderheim, mit dem die 14-jährige 1947 nach Palästina auswanderte. Charlotte und Richard bekamen einen Sohn, der gleich wieder starb. Mehrere Fehlgeburten folgten. Die toten Kinder bedrängten sie in den Albträumen zusammen mit den anderen Toten. Die Vergangenheit überwältigte ihr Leben, so sehr Richard und Charlotte Holzer sich auch einen Neuanfang wünschten und in neue Aufgaben stürzten. Charlotte wollte Medizin studieren, musste aber schon den Vorkurs abbrechen. Sie kannte Hilde Benjamin von der Justizverwaltung, mit der war sie vor 1933 im Wedding in einer KPD-Wohngruppe gewesen. Mit Hilde Benjamins Unterstützung konnte sie in Moabit die Prozessakten der Baum-Gruppe einsehen, die noch nicht in die Sowjetunion abtransportiert waren, von wo sie nach 1960 wieder zurückgegeben wurden. Gegen den Widerstand der Justizangestellten saß Charlotte Holzer wochenlang mit den Akten allein in einem verschlossenen Raum, so erzählte sie es Dieter Heimlich. Sie wolle den Spitzel finden, der die Gruppe verraten habe, sagte sie. Als dieser Spitzel galt Joachim Franke aus der anderen am Brandanschlag beteiligten Gruppe. Charlotte Holzer hat viel für diese Zuschreibung getan. Tatsächlich hat Franke, der ebenfalls sein Leben retten wollte, was ihm nicht gelang, Namen genannt, ausgesagt, was er wusste. Für mehr gibt es keine Belege. Und er kannte nicht die Strukturen und Beziehungen in der Baum-Gruppe, lediglich Herbert Baum hatte er zwei- oder dreimal gesehen.

Übrigens war es Richard Holzer, der sich schon 1949 dafür einsetzte, die sterblichen Überreste Herbert Baums auf den Jüdischen Friedhof nach Weißensee zu überführen. Baum, der am 12. Juni 1942 in seiner Zelle erhängt aufgefunden wurde, hat sich wohl selbst umgebracht, um nicht aussagen zu müssen. Er war wie andere Naziopfer, wie viele Sinti aus dem benachbarten Lager, in Marzahn verscharrt worden. 1951 kümmerte sich Richard Holzer mit anderen ehemals Verfolgten, mit der VVN und der Jüdischen Gemeinde um ein Denkmal für die Baum-Gruppe an Herbert Baums Grab.[12] Und nun, 1952, saßen sie vor der Parteikontrollkommission, die ihnen kein Wort glaubte, aber nichts beweisen konnte.

In diesem Jahr 1952 fanden in der Sowjetunion und in anderen Ländern des sozialistischen Lagers antisemitisch unterlegte Prozesse gegen vermeintliche Parteifeinde statt, erst nach Stalins Tod im März 1953 wurde diese Entwicklung halbherzig abgebrochen. Ende 1952 gab es in der DDR eine Kampagne gegen Westemigranten und Mitglieder der jüdischen Gemeinden, die man auch von heute aus nur antisemitisch nennen kann. In diesem Kontext ist es erstaunlich, dass Richard Holzer und vor allem Charlotte nichts weiter geschah. Soviel ich weiß, war sie nicht in Untersuchungshaft. Andere, gegen die weniger vorlag, sind auf Jahre inhaftiert worden, manche starben in der Haft, gerieten in Verzweiflung, aus der sie nie wieder erlöst wurden. Aber verzweifelt wird Charlotte auch gewesen sein, vor und nach ihren Vernehmungen in der ZPKK.

12 Materialsammlung der VVN, BArch DY 55V 278/105 S. 70 ff

Das Fazit der beiden Kontrolleure:

> *„a) es ist anzunehmen, daß Charlotte Holzer während ihrer Haft Aufträge der Gestapo durchgeführt hat.*
> *b) daß die Gestapo ein Interesse hatte, ihre Verurteilung durch den Volksgerichtshof zu verhindern.*
> *c) daß ihre Flucht im Einvernehmen mit der Gestapo erfolgt ist.“*

Laufer und Joos blieben überzeugt, dass Charlotte ihnen „nicht die ganze Wahrheit gesagt“ hatte, nur das, was nicht zu widerlegen war.

Auch Richard blieb ihnen verdächtig. Sie listen die Ungereimtheiten seiner Überlebensgeschichte auf und kommen zu dem Schluss: „*Zusammenfassend sind wir der Meinung, daß Richard Holzer wahrscheinlich für die Gestapo als Agent tätig war und daß er jetzt für den amerikanischen Geheimdienst arbeitet.*“

Hier will und kann ich nicht näher auf Richard Holzers komplexe Biografie eingehen. Ich glaube ganz und gar nicht, dass er für die Gestapo oder den amerikanischen Geheimdienst gearbeitet hat, aber die Widersprüche in seinen verschiedenen Darstellungen lassen für mich den Schluss zu, dass er für den sowjetischen Geheimdienst gearbeitet haben könnte, wie auch sein Bruder Gerhart das tat, der von den Nazis hingerichtet wurde.

Viele erstaunliche Details in Richards folgendem Lebensweg lassen für mich diese Möglichkeit eher zu als das, was Laufer und Joos vermuteten, die trotz dieses ungeheuerlichen Verdachts von den Holzers abließen. Es scheint, als ob über Richard eine schützende Macht die Hand hielt, auch wenn er permanent Ärger auf seinen Arbeitsstellen bekam und man ihm immer wieder vieles vorwarf, fachlich, politisch, menschlich. Aber ihm wurde jedes Mal eine andere gute Arbeitsstelle zugewiesen, auch im kapitalistischen Ausland.

Charlotte wurde nach der Untersuchung vor der ZPKK vom Ministerium für Staatssicherheit als Informantin angeworben, sie erhielt den Decknamen Erika, das war auch ihr zweiter Vorname, den sie sonst nicht benutzte.

Das bewahrte sie nicht davor, dass ihr Untermieter in Pankow seinerseits an die Partei und das MfS über sie berichtete. Ihre Briefe an die Tochter in Israel und deren Briefe wurden abgefangen und kopiert. Aber Charlotte durfte sie nach 1957 einige Male besuchen. In ihren Kaderakten finden sich Denunziationen eifriger Kollegen und Nachbarn, das Ehepaar Holzer passte schlecht in das Milieu ihrer Arbeitsstellen und der Wohngebietsparteiorganisation. Aber sie lebten fortan im Grunde unbehelligt ihr Leben, gejagt allenfalls von den Dämonen der Vergangenheit.

Als Charlotte Dieter Heimlich 1966/67 das Interview gab, war die Baum-Gruppe, der man vorher in der DDR, auch wegen Hans Frucks Einschätzung, mit Vorbehalten begegnete, in den Kanon des kommunistischen Widerstands aufgenommen worden und wurde geehrt, wobei man sich auf die Gruppenmitglieder konzentrierte, die eindeutig Jungkommunisten waren. Ihre jüdische Identität wurde als Nebensache angesehen, in manchen Zeitungsartikeln sogar verschwiegen. Aber die Baum-Gruppe war nun bekannt und anerkannt, Charlotte Holzer wollte, dass ein Buch über sie als Widerstandskämpferin geschrieben werde. Sie erzählte Dieter Heimlich natürlich nichts Näheres über ihre Aussagen vor den Gestapokommissaren, die zum Tod einiger Menschen beitrugen. Vielleicht hatte sie es vergessen, wie sie ja auch gegenüber der ZPKK erklärte, vieles vergessen zu haben. Aber hatte sie auch ihre handschriftliche Erklärung von 1952 vergessen, auch die Untersuchung der ZPKK?

Es schmerzt mich, wenn ich in dem Interview ihre bedenkenlosen, selbstgerechten Urteile über die toten Gefährten lese. Über eine junge Frau, die ihr und Kochmann auf der Flucht Quartier gab, sagte sie: „*Sie war ein ganz besonders anständiger und dummer Kerl. Ein gütiger, aber einfältiger Mensch.*" Über einen anderen Helfer: „*Er war eigentlich ein Nichts, ein guter Junge. Politisch ein bisschen beleckt von seinem Bruder, von seiner Frau, sonst aber eigentlich nur hörig seiner Frau."*

Und über Rita Meyer, die Auschwitz-Überlebende, die so selbstlos half, dass sie den Titel einer Gerechten verdient hätte: *„Sie hat es bemerkenswert gut ertragen, denn sie ist ja sowieso ein Mensch, dems nicht so schlimm tief geht, trotzdem es das eigene Kind ist."*

Rita Meyer, nun Zocher, hat nach dem Krieg noch einen Sohn geboren. Mit dem habe ich oft über seine Mutter gesprochen, er war nie angekommen gegen ihre Trauer um das fünfjährige Mädchen Barbara, mit der Muttermilch hat er Ritas Depressionen eingesogen, ohne ihr Leid mindern zu können.

Vielleicht lag es auch an dieser Art, über ihre Gefährten zu reden, dass in der DDR kein Buch aus Charlottes Erinnerungen werden konnte. Im Gegenteil, Gutachter wie der Historiker Kurt Gossweiler, die Historikerin Margot Pikarski und andere rieten dringend von einer Veröffentlichung ab, das Manuskript sei egozentrisch und parteifeindlich. Charlotte verteilte ein paar wenige Exemplare an enge Freunde, auch ihre Tochter schaffte eines außer Landes. Dieter Heimlich musste sein Original 1983 im Institut für Marxismus-Leninismus abgeben, wo es ins Parteiarchiv kam, aber von kaum jemandem gelesen werden durfte. Heute ist es Nutzern des Bundesarchivs zugänglich.

Dieter Heimlich starb schon 1986, noch nicht fünfzig Jahre alt. Der erste Satz, für mich ein Schlüsselsatz, den Charlotte ihm in dem Interview sagte, lautet: *„Ich war ein unerwünschtes Kind"*.

Die sie kannten, sagen, sie war ein nervöser, ruheloser, irgendwie getriebener Mensch, dankbar für Zuwendung, aber auch auf eine Weise anhänglich, die belastend sein konnte und immer wieder zu Enttäuschungen führte.

Das alles habe ich in meinem 2004 erschienenen Buch „Im Schatten der Sterne" geschrieben, so behutsam und so differenziert, wie es mir möglich war, aber ich habe es geschrieben, weil ich glaubte, dass die jungen Frauen und Männer der

Baum-Gruppe eine wahrhaftige Darstellung ihrer Geschichte verdient haben.[13] Bevor das Buch erschien, besorgte ich mir die Adresse von Charlottes Tochter in Israel und nahm mit ihr Kontakt auf. Ich wollte nicht, dass sie aus einem Buch erfährt, was sie nicht über ihre Mutter wusste. Auf ihren Wunsch hin schickte ich ihr Kopien der Dokumente. Wir telefonierten oft, manchmal weinten wir beide nur, ohne viel zu sagen. Charlotte hatte ihr keine gute Mutter sein können, aber die Tochter hatte sich damit zu trösten versucht, dass sie das Kind einer Widerstandskämpferin war, die ihr Leben für eine größere Sache, für andere Menschen eingesetzt hatte. Es war schwer für das 14-jährige Berliner Mädchen gewesen, sich in Israel ganz allein ein eigenes Leben aufzubauen, aber sie hat es geschafft, auch weil sie einen Mann mit ähnlichem Schicksal fand, mit dem sie zwei Kinder aufzog.

Als das Buch erschienen war, schickte ich es ihr, hörte nichts mehr von Charlottes Tochter und akzeptierte natürlich dieses Schweigen. Oft aber dachte ich an sie und fragte mich, ob es richtig war, so in ein Leben einzugreifen.

Vor einigen Monaten rief sie mich an, meine Telefonnummer ist über die Jahre dieselbe geblieben. Sie ist nun 87 Jahre alt, vor einiger Zeit starb ihr Mann, auch schon einer der Söhne. Ihre Stimme ist ganz jung, aber jetzt verlässt sie kaum noch ihre Wohnung, ihre Gedanken gehen zurück in die Vergangenheit, auch zu ihrer Mutter. Sie las mein Buch. Damals wollte sie nichts mehr von alldem wissen sagte sie. Jetzt hat sie es Seite für Seite ganz genau gelesen und sie wollte mir danken. *„So war es nun einmal“*, sagte sie traurig. Sie habe es ja eigentlich immer gewusst, aber ihren Frieden gemacht mit Charlotte, mit ihrer eigenen Kindheit. *„Wenn es so war, muss man es auch aussprechen können.“*

---

13 „Im Schatten der Sterne“ Aufbau Verlag 2004; im Jahr 2022 soll eine Neuauflage bei Randomhouse als Taschenbuch erscheinen

MONIKA JULIANE GIBAS

Der Umgang mit dem thüringischen Wiedergutmachungsgesetz nach 1945

> *„...für den Verlust ihrer Freiheit und die Vernichtung ihrer wirtschaftlichen Existenz eine...Entschädigung zu gewähren.“*[1]

„Wiedergutmachung“? Angesichts der NS-Verbrechensbilanz von vielen Millionen Toten, darunter allein fast 6 Millionen ermordete Juden und verbrannte Erde in den okkupierten Ländern Europas, erscheint der Begriff geradezu „verharmlosend“, wie einige Zeithistorikerinnen und Zeithistoriker anmerken.[2] Denn das alles ist nicht wieder gut zu machen. Dennoch wird in der Zeitgeschichtsforschung der Terminus „Wiedergutmachung“ als Bezeichnung der Praxis der materiellen Entschädigung Überlebender des NS-Terrors und ihrer Nachkommen benutzt.[3] Er tauchte schon vor Kriegsende als öffentliche Forderung nach Entschädigung für die ihres Eigentums beraubten Überlebenden der Shoah auf. Siegfried Moses benutzte ihn in seinem im Juli 1943 in Tel Aviv publizierten Artikel „Die Wiedergutmachungsforderungen der Juden“.[4]

---

1 Zitat aus einem Schriftstück des Büros des Thüringischen Regierungspräsidenten Hermann Brill, undatiert, Landesarchiv Thüringen – Hauptstaatsarchiv Weimar (LATh – HStA Weimar), Land Thüringen – Der Ministerpräsident, Büro des Ministerpräsidenten Nr. 1193, Bl. 7.

2 Assmann, Aleida / Frevert, Ute: Geschichtsvergessenheit, Geschichtsversessenheit. Vom Umgang mit deutschen Vergangenheiten nach 1945, Stuttgart 1999, S. 57.

3 Zur Auseinandersetzung mit der Kritik am Begriff „Wiedergutmachung“ siehe Hockerts, Hans Günter: Wiedergutmachung. Ein umstrittener Begriff und ein weites Feld, in: Ders. / Kuller, Christiane: Nach der Verfolgung. Wiedergutmachung nationalsozialistischen Unrechts in Deutschland? Göttingen 2003, S. 7–34.

4 Zitiert nach Hockerts, Hans Günter: Wiedergutmachung in Deutschland. Eine historische Bilanz 1945–2000, Vierteljahreshefte für Zeitgeschichte 49 (2001), Heft 2, S. 168, Anm. 4.

Die staatlich legalisierte Enteignung „jüdischen Vermögens" im Nationalsozialismus

Das nationalsozialistische Deutschland verantwortet den größten Raubzug an staatlichem, privatem sowie an Eigentum von Parteien und Organisationen in der modernen Geschichte. Das betraf vor allem die totale Ausplünderung der jüdischen Minderheit vor ihrer Vertreibung und Ausbürgerung aus Deutschland. Auch die in Arbeits- und Vernichtungslager Deportierten und Ermordeten sind noch ihrer letzten Habe beraubt worden. Schon vor dem Entzug grundlegender Bürgerrechte durch das Reichsbürgergesetz von 1935 und den Beschränkungen zur Ausübung vieler Berufe ging es für die in Deutschland lebenden Juden um immer mehr Abgaben an den NS-Staat. Das „Steueranpassungsgesetz" von 1934 zielte darauf ab, die Steuergesetze der nationalsozialistischen Weltanschauung anzupassen, wie Fritz Reinhard, Staatssekretär im Reichsfinanzministerium, erläuterte.[5] Die schon vor 1933 von der Regierung Brüning eingeführte Steuer gegen Kapitalflucht wurde nach der Machtübertragung an die Nationalsozialisten als „Reichsfluchtsteuer" sukzessive erhöht. Das traf zunächst nicht nur jüdische Bürger, sondern alle, die sich angesichts der neuen Machtverhältnisse zur Emigration entschlossen. Aber schon im Kontext der Überlegungen zum „Vierjahresplan", der auf die Erlangung wirtschaftlicher Autarkie des NS-Staates zielte, hatte Hitler 1936 angeregt, Privatvermögen der Juden zur Finanzierung heranzuziehen.[6] Die Umsetzung dieser Idee zur systematischen fiskalischen Ausplünderung der Juden durch den NS-Staat startete im Frühjahr 1938. Sie wurde juristisch durch neue Gesetze und Verordnungen abgesichert und mit großem Aufwand bürokratisch vollstreckt. Es begann

5 Meinl, Susanne: Ganz normale Finanzbeamte? Die Verwalter und Verwerter „jüdischen Besitzes", in: Stengel, Katharina (Hg.): Vor der Vernichtung. Die staatliche Enteignung der Juden im Nationalsozialismus, Frankfurt/New York 2007, S. 141f.

6 Vgl. dazu Friedländer, Saul: Das Dritte Reich und die Juden, Bd. 1, München 1998, S. 257f.

am 24. April 1938 mit der „Verordnung über die Anmeldung des Vermögens der Juden“. Nun mussten alle jüdischen Bürger Vermögen ab 5.000 RM beim zuständigen Finanzamt melden. In § 1 wird verfügt, dass jeder Jude sein gesamtes in- und ausländisches Vermögen anzumelden und zu bewerten habe. Der § 2 ergänzt: *„Die Anmelde- und Bewertungspflicht trifft auch den nichtjüdischen Ehegatten eines Juden. Für die anmeldepflichtige Person ist das Vermögen getrennt anzugeben.“*[7] Dokumente der Oberfinanzbehörden, die in deutschen Archiven erhalten sind, belegen die akribische Erfassung aller jüdischen Vermögen über 5.000 RM. Es folgten Schritt um Schritt weitere Gesetze und Verfügungen zur fiskalischen Ausplünderung der jüdischen Bevölkerung. Unmittelbar nach der Pogromnacht vom 9./10. November 1938 veröffentlichte die NS-Justiz am 12. November 1938 im Reichsgesetzblatt eine „Verordnung über eine Sühneleistung der Juden deutscher Staatsangehörigkeit“, unterzeichnet von Hermann Göring, dem Beauftragten für den Vierjahresplan. Zur Begründung heißt es:

> *„Die feindliche Haltung des Judentums gegenüber dem deutschen Volk und Reich, die auch vor feigen Morden nicht zurückschreckt, erfordert entschiedene Abwehr und harte Sühne. Ich bestimme daher auf Grund der Verordnung zur Durchführung des Vierjahresplans vom 18. Oktober 1936 (Reichgesetzbl. S. 887) das Folgende: Den Juden deutscher Staatsangehörigkeit in ihrer Gesamtheit wird die Zahlung einer Kontribution von 1.000 000 000 Reichsmark an das Deutsche Reich auferlegt“.*[8]

Der Zeitpunkt der Veröffentlichung – 2 Tage nach dem Pogrom – zeigt, das hier von langer Hand geplant worden ist. Das Reichsministerium für Finanzen gab Anweisungen für die

7 Reichsgesetzblatt (RGB) 1938, Teil I, S. 415.
8 Edb., S. 1579.

technische Durchführung der „Judenvermögensabgabe". Unter anderem wurde vorgeschlagen, dass die erpressten Zahlungen auch durch Beschlagnahme von Wertpapieren und Grundstücken der Juden eingetrieben werden sollen.[9] Mit welchen Einnahmen der NS-Staat rechnete, lässt sich u.a. an Dokumenten in den Akten der Oberfinanzpräsidenten zur „Judenvermögensabgabe" zeigen, die sich auch im thüringischen Hauptstaatsarchiv Weimar finden. (Abb. 1)

Dieses Dokument zeigt beispielhaft, welchen Aufwand die Finanzbehörden bei der Erfassung der Vermögen der jüdischen Thüringer betrieben. 840 Personen sind hier als Anmeldepflichtige und 654 Personen als Abgabepflichtige angegeben. Für die 26 Finanzämter Thüringens weist dieses Dokument einen zu erwartenden Gesamtbetrag aller Abgabepflichtigen von 35.677.864 RM aus, mit dem der NS-Staat allein durch die Ausplünderung der Juden Thüringens rechnete. Allerdings waren nach dieser Tabelle unter der Rubrik „Bis zum 31. Dezember 1938 vereinnahmt" lediglich 1.807.533 RM an die thüringischen Finanzämter überwiesen worden. Für den Bereich des Finanzamts Gotha werden hier als meldepflichtig insgesamt 74 jüdische Bürger erfasst, als abgabepflichtig galten davon 58 Personen. Als gesamtes anmeldepflichtiges Vermögen der 74 Gothaer Bürger mit jüdischen Wurzeln und ihrer Ehefrauen, die ja nach der oben zitierten Verordnung auch als mit einem Juden verheiratete „Arierinnen" ihre Vermögensverhältnisse melden mussten, werden hier 5.155.000 RM angegeben. Von den 58 abgabepflichtigen Gothaern stand nach Berechnungen der Finanzbehörden eine Gesamtsumme von 4.752.000 RM zu Buche.[10] Im Fokus standen dabei besonders „Abgabepflichtige Juden mit einem Vermögen von 100.000 RM", wie ein weiteres Dokument zu Gotha belegt, welches diese Personen auch namentlich aufführt. Allein von den hier

9 Walk, Joseph: Das Sonderrecht für die Juden im NS-Staat, 2. Auflage, Heidelberg u.a. 2013, S. 278, Dokument 125.

10 LATh – HStA Weimar, Der Oberfinanzpräsident Thüringen Nr. 556, Bl. 31v.

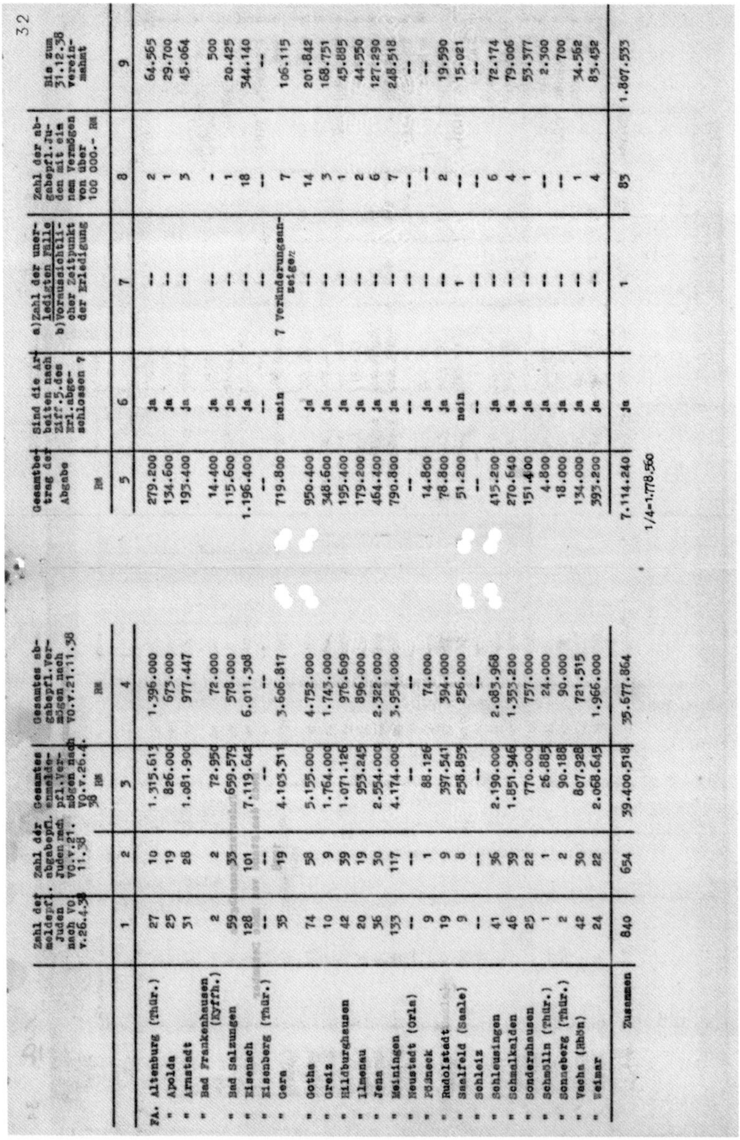

32

	Zahl der meldepfl. Juden nach VO v.26.4.38	Zahl der abgabepfl. Juden nach VO.v.21.11.38	Gesamtes anmeldepfl. Vermögen nach VO.v.26.4.38 RM	Gesamtes abgabepfl. Vermögen nach VO.v.21.11.38 RM	Gesamtbetrag der Abgabe RM	Sind die Arbeiten nach Ziff.5.des Erl.abgeschlossen ?	a) Zahl der unerledigten Fälle b) Voraussichtlicher Zeitpunkt der Erledigung	Zahl der abgabepfl. Juden mit einem Vermögen von über 100 000.- RM	Bis zum 31.12.38 vereinnahmt
	1	2	3	4	5	6	7	8	9
FA. Altenburg (Thür.)	27	10	1.315.613	1.396.000	279.200	ja	--	2	64.565
" Apolda	25	19	826.000	673.000	134.600	ja	--	1	29.700
" Arnstadt	31	28	1.081.900	977.447	193.400	ja	--	3	45.064
" Bad Frankenhausen (Kyffh.)	2	2	72.950	72.000	14.400	ja	--	-	500
" Bad Salzungen	59	33	659.579	578.000	115.600	ja	--	1	20.425
" Eisenach	128	101	7.119.642	6.011.308	1.196.400	ja	--	18	344.140
" Eisenberg (Thür.)	--	--	--	--	--	--	--	--	--
" Gera	35	19	4.103.311	3.606.817	719.800	nein	7 Veränderungsanzeigen	7	106.115
" Gotha	74	58	5.155.000	4.752.000	950.400	ja	--	14	201.842
" Greiz	10	9	1.764.000	1.743.000	348.600	ja	--	3	168.751
" Hildburghausen	42	39	1.071.126	976.609	195.400	ja	--	1	45.885
" Ilmenau	20	19	953.245	896.000	179.200	ja	--	2	44.550
" Jena	36	30	2.554.000	2.322.000	464.400	ja	--	6	127.290
" Meiningen	133	117	4.174.000	3.954.000	790.800	ja	--	7	248.518
" Neustadt (Orla)	--	--	--	--	--	--	--	--	--
" Pößneck	9	1	88.126	74.000	14.800	ja	--	--	--
" Rudolstadt	19	9	397.541	394.000	78.800	ja	--	2	19.590
" Saalfeld (Saale)	9	8	258.893	256.000	51.200	nein	1	--	15.021
" Schleiz	--	--	--	--	--	--	--	--	--
" Schleusingen	41	36	2.190.000	2.083.968	415.200	ja	--	6	72.174
" Schmalkalden	46	39	1.851.946	1.353.200	270.640	ja	--	4	79.006
" Sondershausen	25	22	770.000	757.000	151.400	ja	--	1	53.377
" Schmölln (Thür.)	1	1	26.885	24.000	4.800	ja	--	--	2.300
" Sonneberg (Thür.)	2	2	90.188	90.000	18.000	ja	--	--	700
" Vacha (Rhön)	42	30	807.928	721.515	134.000	ja	--	1	34.562
" Weimar	24	22	2.068.645	1.966.000	393.200	ja	--	4	83.452
Zusammen	840	654	39.400.518	35.677.864	7.114.240	ja	1	83	1.807.533

1/4=1.778.560

Landesarchiv Thüringen – Hauptstaatsarchiv Weimar, Der Oberfinanzpräsident Thüringen Nr. 556, Bl. 31v–32r.

Abb. 1 / Meldung der Thüringer Finanzämter zu abgabepflichtigem Vermögen der Juden Thüringens

genannten 14 Gothaern registrierte die NS-Finanzbürokratie insgesamt 3.480.000 RM als abgabepflichtiges Vermögen.[11]

Wie hoch die Staatseinnahmen im Fall Thüringen durch die letztlich totale Enteignung ihrer Bürger mit jüdischen Wurzeln insgesamt waren, lässt sich nicht beziffern, sondern bestenfalls grob schätzen. Und selbst dafür müssten zunächst alle noch aktenkundigen Fallgeschichten von Zwangsverkäufen und Beschlagnahmen von Eigentum durch NS-Behörden aufgearbeitet werden. Das ist bislang nur für wenige Einzelfälle geschehen. Hier ist noch viel Forschungsarbeit zu leisten.

Mit der Inszenierung des Pogroms vom November 1938 wurde die letzte Phase der Ausplünderung der noch in Deutschland verbliebenen jüdischen Familien eingeleitet. Zwischen dem 10. und dem 16. November 1938 verhaftete die Gestapo 30.756 jüdische Männer und verschleppte sie in die Konzentrationslager Buchenwald, Dachau und Sachsenhausen.[12] In den Lagern wurden sie erpresst, noch in ihrem Besitz verbliebene Geschäfte und Unternehmen entweder zu liquidieren oder zum Verkauf freizugeben und schnellstmöglich mit ihren Familien Deutschland zu verlassen. Auch Thüringer Juden, die im KZ-Buchenwald als sogenannte „Schutzhäftlinge“ interniert waren, mussten die „Arisierung“ ihrer Unternehmen und die Auswanderung aus Deutschland versichern.[13] Mit der „Verordnung zur Ausschaltung der Juden aus dem deutschen Wirtschaftsleben“ vom 12. November 1938 wurde die „Arisierung“ der deutschen Wirtschaft per Erlass verfügt. In Paragraph 2, Absatz 1 hieß es: *„Ein Jude kann vom 1. Januar 1939 nicht mehr Betriebsführer im Sinne des Gesetzes zur Ordnung der nationalen Arbeit vom 20. Januar 1934 (Reichsgesetzblatt 1, S. 45) sein.“* [14]

---

11 Ebd., Bl. 114.

12 Gross, Raphael: November 1938. Die Katastrophe vor der Katastrophe, München 2013, S. 57.

13 Gibas, Monika Juliane: „Arisierung“ der Wirtschaft in Thüringen. Das Beispiel Arnstadt, in: Jüdische Familien in Arnstadt und Plaue. Katalog zur Sonderausstellung, hrsg. vom Schlossmuseum Arnstadt, Weimar 2021, S. 108–148.

14 RGB 1938 Teil I, S. 1580.

Am 3. Dezember 1938 wurde zusätzlich noch eine „Verordnung über den Einsatz jüdischen Vermögens“ auf den Weg gebracht. Sie bestimmte, dass die Behörden die Zwangsveräußerung jüdischer Gewerbebetriebe und Geschäfte anordnen konnten. Den jüdischen Inhabern konnte damit ein konkreter Termin zur Aufgabe ihrer Unternehmen auferlegt werden, denn offenbar hatten sich nicht alle Betroffenen vor dem 1. Januar 1939 dazu in der Lage gesehen. Darin hieß es:

> *„Dem Inhaber eines jüdischen Gewerbebetriebs [...] kann aufgegeben werden, den Betrieb binnen einer bestimmten Frist zu veräußern oder abzuwickeln. Mit der Anordnung können Auflagen verbunden sein. [...] Mit der Zustellung der Verfügung, durch die ein Treuhänder gemäß § 2 eingesetzt wird, verliert der Inhaber des Gewerbebetriebs das Recht, über die Vermögenswerte zu verfügen, zu deren Verwaltung der Treuhänder eingesetzt ist.“*[15]

Mit dem Inkrafttreten dieser Verordnungen gab es für jüdische Unternehmer keine Existenzmöglichkeit mehr in Deutschland. In Thüringen erklärte die Jenaische Zeitung ihren Lesern am 8. Dezember 1938 in einer ausführlichen Stellungnahme die neue Verordnung:

> *„Der Weg der Arisierung*
> *Der Staat duldet keinen jüdischen Einfluß in der Wirtschaft – Er sorgt für ordnungsgemäße Ueberführungen in arische Hand. Der nationalsozialistische Staat hat niemals Zweifel darüber gelassen, daß er die Entfernung der Juden aus allen wirtschaftlichen Positionen fordert, wo ihre Mitwirkung als politisch oder volkswirtschaftlich störend empfunden wird. Die ‚Arisierung‘ der Betriebe ist im Laufe der Zeit ein bestimmter Begriff geworden, doch hat sich dieser*

15 RGB 1938 Teil I, S. 1709.

Vorgang nicht überall mit der gewünschten Schnelligkeit vollzogen. Die bisherigen Bestimmungen kannten nur eine freiwillige Arisierung, die allerdings seit dem Frühjahr 1938 immer häufiger wurde. Es gibt aber eine große Zahl jüdischer Betriebe oder Besitzungen, bei denen die Veräußerung an arische Inhaber auf Schwierigkeiten stößt, sei es, daß jüdische Eigentümer ins Ausland abgezogen sind oder sonst keine Lust zeigen, die Erfordernisse der Zeit zu begreifen [...] Die neue Verordnung der Reichsregierung betrifft in der Hauptsache den übrigen gewerblichen Besitz in jüdischer Hand, aber auch landwirtschaftlichen und sonstigen Grundbesitz, sowie das Eigentum an Wertpapieren, Gold und Kunstschätzen. Der leitende Gedanke geht dahin, daß die Juden auf jeden direkten und indirekten Einfluß zu verzichten haben, der sich aus wirtschaftlichen Kräften ergibt, sei es durch den Betrieb von Unternehmen, durch größeren Aktienbesitz, Hausbesitz, landwirtschaftlichen Grundbesitz usw. [...] Das neue Gesetz schafft die erforderlichen Möglichkeiten, um der Arisierung das erwünschte schnelle Tempo zu verleihen. Wo der Weg des freiwilligen Verkaufs beschritten wird, erübrigt sich die Einsetzung eines Treuhänders. Daß die Juden keine neuen Besitze oder Beteiligungen und auch keine weiteren Gegenstände aus Gold usw. erwerben dürfen, versteht sich von selbst.“[16]

Im August 1939 folgte die Einrichtung sogenannter beschränkt verfügbarer Sicherungskonten. Die Juden wurden gezwungen, ihr Bargeld nur noch auf diese Konten einzuzahlen.[17] Damit war der Zugriff jüdischer Bürger auf ihre Guthaben bei den Sparkassen und Banken ohne Genehmigung der Behörden nicht mehr möglich. Dieses Vorgehen führte zu finanziellen Notlagen

16 Gibas, Monika (Hg.): „Arisierung“ in Thüringen. Entrechtung, Enteignung und Vernichtung der jüdischen Bürger Thüringens 1933–1945, Bd. 1, Erfurt 2006, Dokument 12, S. 52.

17 Franke, Christoph: Die Rolle der Devisenstellen bei der Enteignung der Juden, in: Stengel, Vor der Vernichtung (wie Anm. 5), S. 86.

und oft auch zu angeblich freiwilligen Veräußerungen noch vorhandenen Eigentums (Briefmarkensammlungen, Kunstsammlungen u. a. Mobilien), um Geld für die Lebensführung zu bekommen. Auch Grundstücke und Häuser, die nicht unter die Verordnungen zur „Arisierung“ der Wirtschaft fielen, mussten unter dem Zwang der Verhältnisse verkauft werden.

Nach dem Sieg der Alliierten im Frühjahr 1945 stand in den vier Besatzungszonen auch die Frage nach Rückerstattung entzogenem Eigentums auf der Agenda. Allerdings konnten sich die Besatzungsmächte nicht auf eine einheitliche Regelung zur Entschädigung einigen. Mit dem Militärregierungsgesetz Nr. 59 vom 10. November 1947 wurde für die amerikanische Zone ein „Gesetz über die Rückerstattung feststellbarer Vermögensgegenstände“ erlassen. Bald darauf gab es auch ähnliche Verordnungen und Verfügungen für die französische und die britische Besatzungszone.[18] Die sowjetische Besatzungsmacht erarbeitete für ihren Besatzungsbereich keine Verfügungen zur Rückerstattung von Eigentum an NS-Geschädigte. Die Wiedergutmachung des materiellen Unrechts des NS-Staates an den deutschen Verfolgten, egal ob jüdischen, politischen oder anderen Opfern, lag nicht im Zentrum ihres Interesses. Das ist angesichts bis heute kaum bezifferbarer Verluste der Sowjetunion durch den Vernichtungskrieg auf ihrem Territorium durchaus nachvollziehbar. Dennoch konnte im Besatzungsgebiet Thüringen, das zunächst unter amerikanischer, ab 9. Juli 1945 unter sowjetischer Militäraufsicht stand, am 15. September 1945 ein „Wiedergutmachungsgesetz“ auf den Weg gebracht werden. Es war das erste im besetzten Deutschland.

Thomas Schüler hat sich in den frühen 1990er Jahren als erster Historiker ausführlich mit dem Gesetz befasst. Seine Studie wurde 1993 im Jahrbuch für Antisemitismusforschung

---

18 Vgl. dazu Goschler, Constantin: Wiedergutmachung. Westdeutschland und die Verfolgten des Nationalsozialismus, München 1992; ders.: Schuld und Schulden. Die Politik der Wiedergutmachung für NS-Verfolgte seit 1945 (Beiträge zur Geschichte des 20. Jahrhunderts, III), Göttingen 2005.

veröffentlicht.[19] Sie basiert auf einem Teil der für Thüringen dokumentierten Wiedergutmachungsfälle, vor allem aus dem Raum Ostthüringen. Seine profunde Analyse der unmittelbar nach Kriegsende 1945 erarbeiteten ersten Ideen und Diskussionen zur Entschädigung von jüdischen NS-Opfern Thüringens beschreibt die Entstehungsgeschichte und die Phasen der Umsetzung des Gesetzes unter amerikanischer und sowjetischer Besatzung bis zu seiner endgültigen Abschaffung in der DDR im Jahr 1952. Die Historikerin Karin Hartewig hat Schülers Arbeit rezipiert und geht in ihrer Studie zur Geschichte der jüdischen Kommunisten in der DDR im Kapitel zu den Diskussionen um die Wiedergutmachung in der KPD/SED auch kurz auf das „Thüringer Wiedergutmachungsgesetz" ein.[20] 2007 fand das Gesetz dann in der Dissertation von Jan Philipp Spannuth Berücksichtigung.[21] Spannuths Studie beleuchtet das Thema Rückerstattung in SBZ und DDR über den Gesamtzeitraum von 1945 bis 1989. Und auch die Phase nach dem Beitritt zur Bundesrepublik 1990 bis zum Jahr 2000 wird hier in den Blick genommen. Im Zentrum seiner Arbeit steht die Frage nach der politisch-moralischen Herausforderung, die dieses Thema für die neuen politischen Akteure in der SBZ und DDR bedeutete. Er will zeigen, *„wie sich die ehemalige DDR dem Thema stellte, wie sie – als erklärter antifaschistischer Staat – diesen Teil der Verbrechen des deutschen Staates und seiner Bürger an Juden aufzuarbeiten und zu lösen versuchte."*[22] Der Autor beschreibt die zunächst durchaus kontroversen parteipolitischen Debatten in der SED-Führung, die nach der Gründung der DDR 1949 getroffenen zentralen Entscheidungen und deren Auswirkungen auf die jüdischen Verfolgten des NS-Regimes. Das „Thüringer Wiedergutmachungsgesetz" wird hier

---

19 Schüler, Thomas: Das Wiedergutmachungsgesetz vom 14.9.1945 in Thüringen, in: Jahrbuch für Antisemitismusforschung 2, hrsg. von Wolfgang Benz, Frankfurt / New York 1993, S. 118–138.

20 Hartewig, Karin: Zurückgekehrt. Die Geschichte der jüdischen Kommunisten in der DDR, Köln / Weimar /Wien 2000, S. 275f.

21 Spannuth, Jan Philipp: Rückerstattung Ost. Der Umgang der DDR mit dem „arisierten" Eigentum der Juden und die Rückerstattung im wiedervereinigten Deutschland, Essen 2007.

22 Ebd., S. 8.

im Kapitel „Sonderentwicklungen in Thüringen und Berlin" beleuchtet.[23] Auch Spannuth stützt sich für den Fall Thüringen auf Thomas Schülers Arbeit. Aktuell widmet sich der Historiker Stefan Hellmuth, Doktorand an der Friedrich-Schiller-Universität Jena, im Rahmen seiner Dissertation zum Thema „Die unterbliebene Restitution. Der Verbleib ‚arisierten' Eigentums in der SBZ/DDR am Beispiel Thüringens 1945–1990" dem „Thüringer Wiedergutmachungsgesetz" und seiner Geschichte.

Dr. jur. Hermann Louis Brill: Erste Ideen und Konzepte zur Wiedergutmachung des NS-Unrechts in Thüringen

Als „Vater" des ersten Wiedergutmachungsgesetzes im besetzten Deutschland gilt in der Fachliteratur Dr. jur. Hermann Louis Brill (09.02.1885 – 22.06.1959). Die politische Einstellung des 1885 als Sohn eines Schneidermeisters im thüringischen Gräfenroda Geborenen wurde früh durch sein sozialdemokratisches Elternhaus geprägt. Die eigenen bitteren Erfahrungen als Freiwilliger im Ersten Weltkrieg führten ihn im Oktober 1918 in die linksorientierte Unabhängige Sozialdemokratische Partei (USPD). Im Jahr 1920, im Gründungsjahr des Landes Thüringen, wurde der 25-Jährige für die USPD in den Landtag gewählt, trat 1922 – mit der Vereinigung von USPD und SPD – zur SPD über und war bis 1932 engagiertes Mitglied des Thüringer Landtages. Seit Herbst 1921 war er als Vortragender Rat im Ministerium für Volksbildung der Landesregierung Thüringens und als Ministerialdirektor und Leiter der Polizeiabteilung des Innenministeriums tätig. Der überzeugte demokratische Sozialist stemmte sich in der Weimarer Republik entschieden gegen den Vormarsch der Nationalsozialisten im Land Thüringen. 1933/34 wurde gegen ihn wegen „politischer Unzuverlässigkeit" ein Dienststrafverfahren auf der Grundlage

23 Ebd., S. 119–136.

des „Gesetzes zur Wiederherstellung des Berufsbeamtentums“ eingeleitet.[24] Brill verlor seine Ämter und ging mit seiner Familie nach Berlin. Hier engagierte er sich in der Widerstandgruppe „Neu Beginnen“, deren thüringischen Teil er schon nach 1933 unterstützt hatte. 1936 gründete er mit Otto Brass und anderen die Widerstandsgruppe „Deutsche Volksfront“.[25] Am 22. September 1938 wurde Brill verhaftet, am 28. Juli 1939 vom Volksgerichtshof zu zwölf Jahren Zuchthaus und 10 Jahren Ehrverlust verurteilt. Bis 1943 war er in Brandenburg-Görden inhaftiert und gehörte hier zur Führungsgruppe der politischen Häftlinge. Am 23. Dezember 1943 wurde er „als nicht besserungsfähiger Gefangener“ in das Konzentrationslagers Buchenwald überstellt. Er leitete hier die illegale Diskussionsgruppe „Deutsches Volkfrontkomitee“, in der sozialdemokratisch, kommunistisch und christlich orientierte Häftlinge sich über Zukunftsperspektiven nach Kriegsende austauschten.[26]

Die amerikanische Militärregierung in Thüringen setzte den linken Sozialdemokraten Brill am 9. Juli 1945 als Präsident der Provinzialverwaltung des Landes Thüringen ein. Seine Amtszeit war allerdings nur von kurzer Dauer. Nach dem Abzug der Amerikaner aus Thüringen und der Übergabe des Landes an die Sowjetische Besatzungsmacht wurde Hermann Brill auf Druck der KPD Thüringens am 16. Juli 1945 als Regierungspräsident abgelöst.[27] Am 15. Juli 1945, einen Tag vor seiner Ablösung, beauftragte er Mitarbeiter der Präsidialkanzlei und des Landeskommunalamtes mit der Ausarbeitung von

24 Vgl. dazu Overesch, Manfred: Hermann Brill in Thüringen 1895–1946. Ein Kämpfer gegen Hitler und Ulbricht, Bonn 1992, S. 237–293 sowie seinen darauf basierenden Aufsatz in: Knigge-Tesche, Renate/Reif-Spirek, Peter (Hg.): Hermann Louis Brill 1895 – 1959. Widerstandskämpfer und unbeugsamer Demokrat, Wiesbaden 2011, 13–36, hier S.9f.

25 Vgl. Wollenberg, Jörg: Volksfront und Sozialdemokratie. Die Widerstandsgruppe Brass-Brill und das Zehn-Punkte-Programm der Deutschen Volksfront von 1936, in: Ebd., S. 77–104.

26 Wahl, Volker/Marek, Dieter/ Lamers, Gereon/Borchard, Michael: Thüringer Regierungschefs 1920–2003. Thüringer Regierungsgeschichte – ein historischer Rückblick, hrsg. v. d. Thüringer Staatskanzlei, Jena 2011, S. 57. Zur Gründung des Volksfrontkomitees und seiner Wirkung siehe Röll, Wolfgang: Hermann Brill und die sozialdemokratischen Häftlinge in Buchenwald, in: Knigge-Tesche u. a. (wie Anm. 24), S. 105–130.

27 Overesch, Manfred: Hermann Brill – Kämpfer gegen Hitler und Ulbricht, in: Knigge-Tesche u. a. (wie Anm. 24), S. 28ff.

Richtlinien und Strukturen zur Regelung der Frage der Wiedergutmachung des nationalsozialistischen Unrechts. Seine Vorstellungen hatte er kurz zuvor in einem Referat im „Thüringen-Ausschuss" erläutert.[28] Brill äußert sich auch zu den Motiven für seinen Vorschlag:

> *„Es ist daher die sittliche Pflicht des deutschen Volkes, das von den Nazimachthabern begangene Unrecht wieder gut zu machen, ihre Opfer oder deren Hinterbliebene in die entzogenen Rechte wieder einzusetzen und ihnen für den oft jahrelangen Verlust ihrer Freiheit und die Vernichtung ihrer wirtschaftlichen Existenz eine billige Entschädigung zu gewähren."*[29]

Das Resultat dieses ersten Anlaufs zur Regelung materieller Entschädigungen war zunächst der „Entwurf eines Gesetzes über die Errichtung eines Amtes für Wiedergutmachung und Sühne". [30] (Abb. 2) In 10 Paragraphen werden konkrete Vorschläge für den Aufbau von Strukturen der Wiedergutmachung nationalsozialistischen Unrechts für ganz Deutschland unterbreitet: Als Oberste Behörde sollte ein „Reichsamt für Wiedergutmachung und Sühne" am Sitz einer künftigen Deutschen Reichsregierung eingerichtet werden, entsprechende Landesämter zur Wiedergutmachung bei allen Provinzalregierungen sowie Nebenstellen des Amtes in allen kreisangehörigen Städten und größeren Gemeinden.[31] Zur Zuständigkeit dieses Netzwerkes heißt es: *„Die Ämter für Wiedergutmachung und Sühne haben die Beschlagnahme des Vermögens bestimmter Mitglieder der NSDAP und ihrer Unterorganisationen durchzuführen, soweit diese Beschlagnahme nicht bereits durch die Alliierte Militärregierung erfolgt ist."*[32]

28 Schüler, Wiedergutmachungsgesetz (wie Anm. 19), S. 120.
29 LATh – HStA Weimar, Land Thüringen – Büro des Ministerpräsidenten Nr. 1193, Bl. 7.
30 Ebd., Bl. 7r.
31 Ebd., Bl. 8r.
32 Ebd., Bl. 7r.

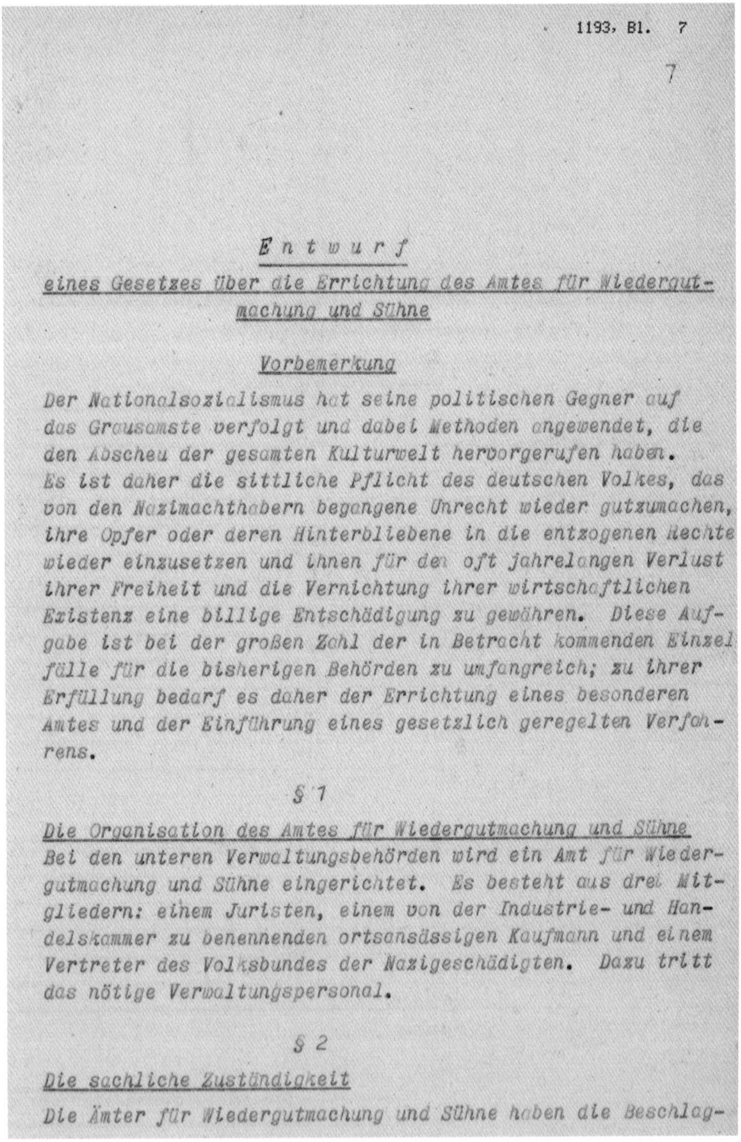

1193, Bl. 7

7

Entwurf

eines Gesetzes über die Errichtung des Amtes für Wiedergutmachung und Sühne

Vorbemerkung

Der Nationalsozialismus hat seine politischen Gegner auf das Grausamste verfolgt und dabei Methoden angewendet, die den Abscheu der gesamten Kulturwelt hervorgerufen haben.
Es ist daher die sittliche Pflicht des deutschen Volkes, das von den Nazimachthabern begangene Unrecht wieder gutzumachen, ihre Opfer oder deren Hinterbliebene in die entzogenen Rechte wieder einzusetzen und ihnen für den oft jahrelangen Verlust ihrer Freiheit und die Vernichtung ihrer wirtschaftlichen Existenz eine billige Entschädigung zu gewähren. Diese Aufgabe ist bei der großen Zahl der in Betracht kommenden Einzelfälle für die bisherigen Behörden zu umfangreich; zu ihrer Erfüllung bedarf es daher der Errichtung eines besonderen Amtes und der Einführung eines gesetzlich geregelten Verfahrens.

§ 1

Die Organisation des Amtes für Wiedergutmachung und Sühne
Bei den unteren Verwaltungsbehörden wird ein Amt für Wiedergutmachung und Sühne eingerichtet. Es besteht aus drei Mitgliedern: einem Juristen, einem von der Industrie- und Handelskammer zu benennenden ortsansässigen Kaufmann und einem Vertreter des Volksbundes der Nazigeschädigten. Dazu tritt das nötige Verwaltungspersonal.

§ 2

Die sachliche Zuständigkeit
Die Ämter für Wiedergutmachung und Sühne haben die Beschlag-

Landesarchiv Thüringen – Hauptstaatsarchiv Weimar, Land Thüringen – Der Ministerpräsident, Büro des Ministerpräsidenten Nr. 1193, Bl. 7.

Abb. 2 / Entwurf eines Gesetzes über die Errichtung des Amtes für Wiedergutmachung und Sühne

Der Vorschlag zum Vermögensentzug war sehr weit gefasst: Er sollte folgende Personengruppen betreffen:
- alle Beamten der Geheimen Staatspolizei,
- alle Mitglieder des Sicherheitsapparates,
- alle politischen Leiter der Partei bis herunter zum Ortsgruppenleiter,
- alle SA-Führer bis herunter zum Sturmführer sowie entsprechende Dienstgrade der angeschlossenen Organisationen,
- sowie „Volksgenossen", die sich Denunziationen Andersdenkender haben zu Schulden kommen lassen.

Aber auch alle Personen ohne Mitgliedschaft in der NSDAP hatten mit Vermögensentzug zu rechnen, wenn sie den Nationalsozialismus schon vor 1933 wirtschaftlich gefördert oder nach 1933 durch den Nationalsozialismus erhebliche wirtschaftliche Vorteile erlangt hatten, „*... vor allem durch Übernahme der Vermögen politisch Andersdenkender und jüdischer Unternehmungen.*"[33] Zum Umfang der Beschlagnahme, die nach § 2 des Entwurfs das gesamte Vermögen der genannten Personen betreffen sollte, wird in § 6 verfügt, dass alle diejenigen, die ihre Machtstellung nachweislich nie missbraucht hatten, die Vermögenswerte, die sich bereits vor 1933 in ihrem Besitz befanden, behalten konnten.[34] Auch auf das Vorgehen des NS-Staates wird hier nochmals dezidiert verwiesen, dem es um totale materielle Ausplünderung auch der Familien seiner Gegner ging. Das sollte nicht wiederholt werden. Dazu heißt es:

> *„Entgegen dem barbarischen nationalsozialistischen Grundsatz, die Familien der Gegner haftbar zu machen und ihnen sogar die Fürsorgeunterstützung zu verweigern, verbleibt den Familien der nach der Zivilprozeßordnung unpfändbare Hausrat. Doch können wertvolle Einrichtungsgegenstände gegen solche einfacher Art umgetauscht*

33 Ebd., Bl. 7v.
34 Ebd., Bl. 8v.

werden. Ebenso haben die Familien im Falle der Bedürftigkeit selbstverständlich Anspruch auf Fürsorgeunterstützung.“[35]

Zweckbestimmung des beschlagnahmten Vermögens sei es,

„... alle Personen, die durch den Nationalsozialismus an ihrer Gesundheit, ihrer Freiheit, ihrer Ehre und ihrem Vermögen geschädigt worden sind, eine billige Entschädigung in Geld zu gewähren. Soweit der betreffende Berechtigte Vermögensgegenstände eingebüßt hat und diese noch vorhanden sind, kann er deren Rückerstattung verlangen. Dem Berechtigten können auch vom Amt für Wiedergutmachung und Sühne Grundstücke und bewegliche Sachen in Anrechnung auf seinen Entschädigungsanspruch in Höhe ihres Verkehrswertes übereignet werden.“[36]

Ein Schreiben des thüringischen Landesamts für Finanzen, das am 29. August 1945 an das Finanzamt in Ilmenau ging, bezieht sich ganz offensichtlich auf die laufenden Diskussionen und Aktivitäten zu dieser Gesetzesinitiative. Dem Verfasser geht es um das Problem der Rückführung enteigneten jüdischen Vermögens in die Hände der Juden, die demnächst durch Verordnung geregelt werden soll, wie er schreibt. Er hält es nicht für zweckmäßig, vor dem Erlass einer offiziellen Verordnung tätig zu werden, sondern Ermittlungen einzustellen und erst zu reagieren, *„wenn sich ihre Notwendigkeit aus der erwarteten Verordnung ergibt.“*[37] In der Tat hatten einige Kommunen und Gemeinden schon eigene Schritte unternommen und Anlaufstellen für Wiedergutmachungsansprüche eingerichtet, offensichtlich auch Ilmenau. Denn schon seit Juli 1945 wurden vielerorts Anträge auf Entschädigung gestellt,

35 Ebd.

36 Ebd.

37 LATh – HStA Weimar, Land Thüringen – Ministerium der Finanzen Nr. 3143, Bl.14r.

allerdings nicht nur von jüdischen Geschädigten.[38] Daher ist der Fokus allein auf die Rückführung jüdischen Vermögens in dem Schreiben an das Finanzamt Ilmenau schon sehr bemerkenswert, sollte sich der Verfasser hier auf den Entwurf aus der Präsidialkanzlei Brills beziehen. Denn der geht auf die jüdischen Geschädigten des NS-Regimes nicht gesondert ein. Juden werden in dem Dokument nur einmal erwähnt und dann auch erst nach den „politisch Andersdenkenden". Allerdings war das Finanzamt Ilmenau eines der 26 thüringischen Ämter, die laut Liste der Finanzämter Thüringens vom 31. Dezember 1938 mit hohen Einnahmen aus der Judenvermögensabgabe in Höhe von 896.000 RM gerechnet hatten.[39] Und zwar bei einer Anzahl von lediglich 19 abgabepflichtigen jüdischen Bürgern. Rückübertragungen standen also an. Offensichtlich wollte das Finanzamt die Ilmenauer Aktivitäten, die bereits im August 1945 ohne gesetzliche Handhabe mit Ermittlungen zu möglichen Rückerstattungsfällen begonnen hatten, stoppen.

Das „Thüringer Wiedergutmachungsgesetz"

Ein Gesetz zur Wiedergutmachung für ganz Deutschland, wie es die thüringische Initiative unter Leitung Hermann Brills kurz nach Kriegsende angedacht hatte, konnte nicht realisiert werden. Es kam schließlich zu einem nur für Thüringen gültigen Gesetz, dem „Thüringer Wiedergutmachungsgesetz". Es trat am 14. September 1945 mit Billigung der Sowjetischen Militärverwaltung in Deutschland in Kraft. (Abb. 3) Der Initiator der Wiedergutmachungsinitiative, Dr. jur. Hermann Brill, war zu diesem Zeitpunkt schon nicht mehr im Amt. Sein Nachfolger im Amt des Regierungspräsidenten Thüringens wurde der Jurist Dr. Rudolf Paul (30.07.1893 – 28.02.1978), ein linker Liberaler aus Gera. Paul war seit 1922 Mitglied der Deutschen Demokratischen Partei (DDP) und ab 1925 Vorstand ihres

38 Schüler, Wiedergutmachungsgesetz, (wie Anm. 19), S.121.
39 LATh – HStA Weimar, Land Thüringen, Der Oberfinanzpräsident Thüringen Nr. 556, Bl.32r.

24

Möbeln und Hausrat des Wohnungsinhabers gegen angemessene Entschädigung zugebilligt werden. Dadurch wird das Eigentumsrecht an den Möbeln und dem Hausrat nicht berührt. Der Eingewiesene haftet für die sachgemäße Benutzung der Gegenstände wie ein Mieter; er darf sie aus der Wohnung nicht entfernen.

§ 4

Bereits durchgeführte Maßnahmen in Wohnungsrechte sind unverzüglich mit den Bestimmungen dieses Gesetzes in Einklang zu bringen.

§ 5

Alle nach diesem Gesetz zu treffenden Entscheidungen erläßt in Landkreisen der Landrat, in Stadtkreisen der Oberbürgermeister. Gegen die Entscheidungen ist Beschwerde zulässig. Über sie entscheidet das Landesamt des Innern.

Weimar, den 3. September 1945.

Der Präsident des Landes Thüringen.
Dr. Rudolf Paul.

Wiedergutmachungsgesetz
Vom 14. September 1945

Auf Anordnung des Obersten Chefs der Sowjet-Militärverwaltung in Deutschland wird bestimmt:

§ 1

I Folgende Vermögenswerte:

1) Grundstücke mit allem Zubehör,
2) Dingliche Rechte an Grundstücken,
3) Gewerbliche und freiberufliche Unternehmen mit ihrer Einrichtung und ihrem Warenlager,
4) Anteile an Handelsgesellschaften, in denen der Anteilsinhaber selbst oder sein Ehegatte oder seine Kinder tätig gewesen sind oder die der Anteilsinhaber durch seine Anteile beherrscht hat,

sind, wenn sie in Thüringen in der Zeit vom 30. Januar 1933 bis zum Einmarsch der Truppen der Vereinten Nationen unmittelbar oder mittelbar infolge Beschlagnahme, Enteignung oder sonstigen behördlichen Eingriffs auf Grund Gesetzes oder im Verwaltungswege oder durch Maßnahmen oder auf Veranlassung der NSDAP., ihrer Gliederungen, Verbände oder deren Angehörigen dem früheren Eigentümer oder sonstigen Rechtsinhaber verwerflicherweise weggenommen worden sind, diesem von dem jetzigen Eigentümer, Besitzer oder Inhaber zurückzugewähren, wenn diese Vermögenswerte stammen

a) entweder aus jüdischer Hand oder
b) aus dem Vermögen von ehemaligen Parteien, Gewerkschaften sowie ehemaligen politischen, religiösen oder Vereinigungen ähnlicher Art.

II Das Gleiche gilt, wenn Vermögenswerte irgend einer Art auf die in Absatz I genannte Weise aus politischem Grund oder Anlaß einem Eigentümer verwerflicherweise weggenommen worden sind.

§ 2

Die gegenwärtigen Eigentümer, Besitzer oder sonstigen Rechtsinhaber der in § 1 genannten Vermögenswerte haben diese mit genauer Beschreibung, Bezeichnung des Vorbesitzers, Angabe des gezahlten Preises und des jetzigen Wertes sowie bestehender Belastungen bis zum 31. Oktober 1945 beim Oberbürgermeister oder Landrat in dreifacher Ausfertigung anzumelden.

§ 3

I Die in § 1 Absatz I genannten Vermögenswerte werden hiermit zur Sicherung der Ansprüche der Berechtigten beschlagnahmt. Die Oberbürgermeister und Landräte haben für ihre vorläufige Verwaltung zu sorgen; die weitere Verwaltung regelt der Präsident des Landes Thüringen — Präsidialkanzlei —.

II Liegt der Fall des § 1 Absatz II vor, so kann der Berechtigte zur Sicherung seiner Ansprüche die sofortige Beschlagnahme beim Präsidenten des Landes Thüringen — Präsidialkanzlei — beantragen.

§ 4

I Ansprüche der ursprünglichen Eigentümer oder sonstigen Rechtsinhaber auf Rückgabe der in § 1 genannten Vermögenswerte sind bis zum 30. September 1946 unter Angabe von Beweismitteln bei der Präsidialkanzlei anzumelden. Bei der Rückforderung von Grundstücken und dinglichen Rechten sind auch Grundbuchauszüge vorzulegen.

II Stand das Eigentum vor seiner Wegnahme nicht einer natürlichen Person oder mehreren natürlichen Personen zu, sondern einer Gesellschaft oder anderen Organisationen, die nicht mehr bestehen, so hat die Anmeldung durch einen Treuhänder zu erfolgen, der im weiteren Verfahren den Berechtigten vertritt. Den Treuhänder ernennt der Präsident des Landes Thüringen — Präsidialkanzlei — oder die von ihm damit beauftragte Stelle.

§ 5

I Unterbleibt die rechtzeitige Anmeldung nach § 4, so können die beschlagnahmten Ver-

Regierungsblatt für Thüringen Bd. I 1945-1946, hier 1945, S. 24.

Abb. 3 / Thüringer Wiedergutmachungsgesetz

ostthüringischen Landesverbandes. Ab 1923 bis zur Abwahl der Linksregierung Thüringens am 10. Februar 1924 wirkte er als Staatsanwalt am Landgericht Gera unter dem Justizminister Karl Korsch (KPD). Von der rechten Bürgerblock-Regierung aus dem Staatsdienst entlassen, eröffnete er eine Kanzlei in Gera. Nach dem Machtantritt der Nationalsozialisten wurde ihm die Anwaltszulassung entzogen. Bis Kriegsende lebte er dann als Landwirt auf seinem Gut in Ulrichswalde bei Stadtroda.[40] Paul setzte während seiner Präsidentschaft die unter Brill begonnenen Arbeiten am Gesetzentwurf fort. Ob Hermann Brill, der erst 1946 von Thüringen nach Berlin ging, noch an der Vollendung des Gesetzes beteiligt war und wenn, auf welche Weise, muss bislang offenbleiben. Da er aber enge Verbindungen zum Thüringer Ausschuss des Anti-Nazi-Komitees hatte, als erster Regierungschef der Initiator der gesetzlichen Regelung zur Wiedergutmachung von NS-Unrecht war und den nötigen personellen Aufbau der Provinzialverwaltung geleitet hatte, ist das anzunehmen.

Was beim Lesen des Gesetzestextes gleich ins Auge fällt: Anders als noch im Erstentwurf wird hier der unrechtmäßige Besitz ehemals jüdischen Eigentums als Grund für Vermögensentzug an erster Stelle genannt.[41] Zu den Vermögensgegenständen, auf die sich das Gesetz bezog, gehörten nach § 1

- Grundstücke mit allem Zubehör,
- dringliche Rechte an Grundstücken,
- gewerbliche und freiberufliche Unternehmen mit ihrer Einrichtung und ihrem Warenlager,
- Anteile an Handelsgesellschaften.

Diese Vermögensgegenstände waren zu beschlagnahmen, wenn sie in der Zeit vom 30. Januar 1933 bis zum Kriegsende den ursprünglichen Besitzern „auf verwerfliche Weise weggenommen“ worden waren und entweder „aus jüdischer Hand“, dem Vermögen einer demokratischen oder religiösen

40 Zur Biografie siehe Wahl u. a., Thüringer Regierungschefs (wie Anm. 26), S. 61–65.
41 Regierungsblatt für Thüringen Bd. I 1945–1946, hier 1945, S. 24.

Vereinigung oder aus dem Besitz eines politisch Verfolgten stammten. Zuständig für die Beschlagnahme waren laut Gesetz die Bürgermeister und Landräte, anmeldepflichtig alle Eigentümer solchen Besitzes. Die Selbstanzeigen mussten bis 31. Oktober 1945 erfolgen, kamen aber offenbar nur sehr langsam bei den Behörden an. Der Geraer Oberbürgermeister Dr. Bloch ließ daher noch kurz vor Ablauf der Frist am 27. Oktober 1945 ein Plakat mit den einschlägigen Gesetzesbestimmungen und der Aufforderung zur Vermögensanmeldung bis 31. Oktober 1945 drucken. (Abb.4) Bei Nichtbefolgung der Anmeldepflicht wurden Gefängnis und Geldstrafen angedroht. Auch für die ehemaligen Eigentümer, die Geschädigten, bestimmte das Gesetz eine Anmeldefrist: Sie sollten laut § 4 ihre Ansprüche auf Rückerstattung ihres Eigentums bis zum 30. September 1946 unter Angabe von Beweismitteln bei der Präsidialkanzlei anmelden. Falls es sich um die Rückforderung von Grundstücken handelte, waren Grundbuchauszüge vorzulegen. § 5 bestimmte zudem, dass bei nicht rechtzeitiger Anmeldung die Ansprüche auf Rückerstattung erlöschen und diese Vermögenswerte in das Eigentum des Landes Thüringen überführt werden. Lediglich bei Vorliegen von entschuldbaren Gründen gewährte das Gesetz den Geschädigten eine Verlängerung der Anmeldefrist um ein Jahr, bis zum 30. September 1947. Für jüdische Betroffene war aber auch diese Verlängerung der Fristsetzung kaum einzuhalten. Viele Überlebende wohnten nicht mehr in Deutschland, oft waren bei der Flucht ins Exil notwendige Unterlagen verloren gegangen. Die meisten Rückerstattungsanträge kamen daher erst kurz vor Ende der Anmeldefrist 1947/48 zur Vorlage.

Die Anwendung des Gesetzes 1945 bis 1947/1948

Die Anwendung des Wiedergutmachungsgesetzes erforderte den Aufbau geeigneter Strukturen, wie schon im Erstentwurf angedacht. Als zentrale Koordinierungsstelle wurde ein „Referat für Wiedergutmachung“ geschaffen. Es unterstand direkt

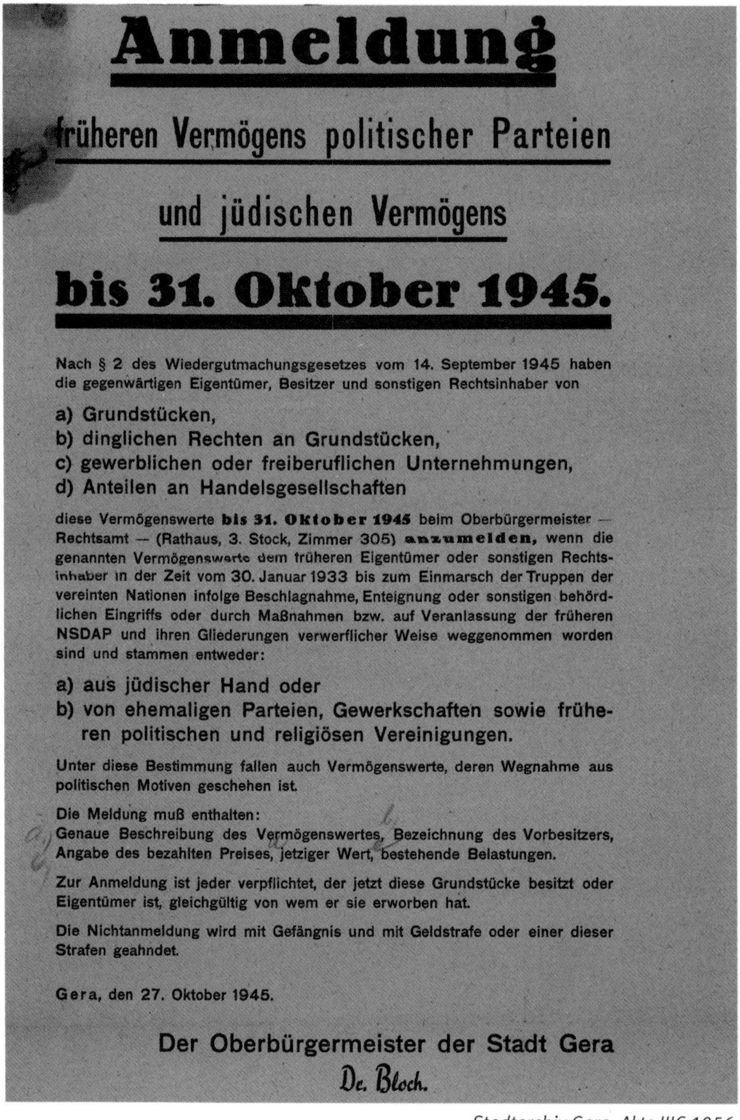

Anmeldung

früheren Vermögens politischer Parteien

und jüdischen Vermögens

bis 31. Oktober 1945.

Nach § 2 des Wiedergutmachungsgesetzes vom 14. September 1945 haben die gegenwärtigen Eigentümer, Besitzer und sonstigen Rechtsinhaber von

a) Grundstücken,
b) dinglichen Rechten an Grundstücken,
c) gewerblichen oder freiberuflichen Unternehmungen,
d) Anteilen an Handelsgesellschaften

diese Vermögenswerte **bis 31. Oktober 1945** beim Oberbürgermeister — Rechtsamt — (Rathaus, 3. Stock, Zimmer 305) **anzumelden,** wenn die genannten Vermögenswerte dem früheren Eigentümer oder sonstigen Rechtsinhaber in der Zeit vom 30. Januar 1933 bis zum Einmarsch der Truppen der vereinten Nationen infolge Beschlagnahme, Enteignung oder sonstigen behördlichen Eingriffs oder durch Maßnahmen bzw. auf Veranlassung der früheren NSDAP und ihren Gliederungen verwerflicher Weise weggenommen worden sind und stammen entweder:

a) aus jüdischer Hand oder
b) von ehemaligen Parteien, Gewerkschaften sowie früheren politischen und religiösen Vereinigungen.

Unter diese Bestimmung fallen auch Vermögenswerte, deren Wegnahme aus politischen Motiven geschehen ist.

Die Meldung muß enthalten:
Genaue Beschreibung des Vermögenswertes, Bezeichnung des Vorbesitzers, Angabe des bezahlten Preises, jetziger Wert, bestehende Belastungen.

Zur Anmeldung ist jeder verpflichtet, der jetzt diese Grundstücke besitzt oder Eigentümer ist, gleichgültig von wem er sie erworben hat.

Die Nichtanmeldung wird mit Gefängnis und mit Geldstrafe oder einer dieser Strafen geahndet.

Gera, den 27. Oktober 1945.

Der Oberbürgermeister der Stadt Gera

Dr. Bloch.

Stadtarchiv Gera, Akte IIIC 1056.

Abb. 4 / Plakat Aufforderung zur Meldung vor 1945 erworbenen ehemals jüdischen Eigentums

dem Büro des Regierungspräsidenten und wurde von einem „Sonderbeauftragten für die Verwaltung ehemals jüdischen Besitzes", dem „recht energisch auftretenden Regierungsrat" jüdischer Abstammung, Georg Chaim, geleitet.[42]

Der Kaufmann Georg Chaim, geboren am 11. Mai 1903 in Berlin, war, wie Hermann Brill, bei Kriegsende Häftling im Konzentrationslager Buchenwald.[43] Zu diesem Zeitpunkt hatte er als politisch Verfolgter schon fast acht Jahre in Konzentrationslagerhaft verbracht. Er war am 5. August 1936 von der Gestapo in Gera verhaftet und in Meiningen zu einem Jahr Gefängnis verurteilt worden. Nach Verbüßung der Haft in Eisenach wurde Chaim am 28. August 1937 als sogenannter Schutzhäftling in das KZ Dachau überführt.[44] Ein Jahr später, am 22. September 1938 erfolgte seine Verlegung von Dachau nach Buchenwald.[45] In einer handschriftlich ausgefüllten Häftlingskarteikarte ist Georg Chaim als politischer Häftling mit der Häftlingsnummer 4177 und der Religionszugehörigkeit evangelisch registriert.[46] Es gibt allerdings noch eine zweite Karte. Auch hier wird er als „evangelisch" eingetragen, aber in der Rubrik „Grund" fehlt jetzt der Vermerk „Politisch". Die Karte hat nun den Stempel „Jude" und das entsprechende Symbol. (Abb. 5) Ob Georg Chaim und Hermann Brill schon in Buchenwald Kontakt hatten, muss bislang offenbleiben. Brill kam erst am 23. Dezember 1943 nach Buchenwald,[47] da war Chaim schon dem „Arbeitskommando Juden I" zugeordnet.[48]

Als „Sonderbeauftragter für die Verwaltung ehemals jüdischen Besitzes" hatte Georg Chaim weitgehende Befugnisse.

---

42 Schüler (wie Anm. 19), S. 124.

43 Akten zur KZ-Haft Georg Chaims sind digitalisiert und im Digital Archive, Arolsen Archives einzusehen unter der Suchanfrage Chaim, Georg; https://collections.arolsen-archives.org/search/

44 So die Eintragung im Fragebogen des Military Government of Germany für die Insassen des KZ-Buchenwald vom 5. 05.1945, Häftlingspersonalbogen Georg Chaim, 1.1.5.3/5660525/IST Digital Archive, Arolsen Archives.

45 Angabe zur Haftkategorie und zur Haftnummer Georg Chaims in Dachau am 04.09.1937: „Jude, Schutzhäftling" und „Nr. 12685"; Information von Alex Pearman, KZ-Gedenkstätte Dachau, Stiftung Bayerische Gedenkstätten am 13.12.2021 an Gibas.

46 Fragebogen Military Government (wie Anm. 44) hier 1.1.5.3/5660513.

47 Häftlingspersonalbogen Hermann Brill, 1.1.5.3/5612670 IST Digital Archive, Arolsen Archives.

48 Häftlingspersonalbogen Georg Chaim, 1.1.5.3./56600518/IST Digital Archive, Arolsen Archives.

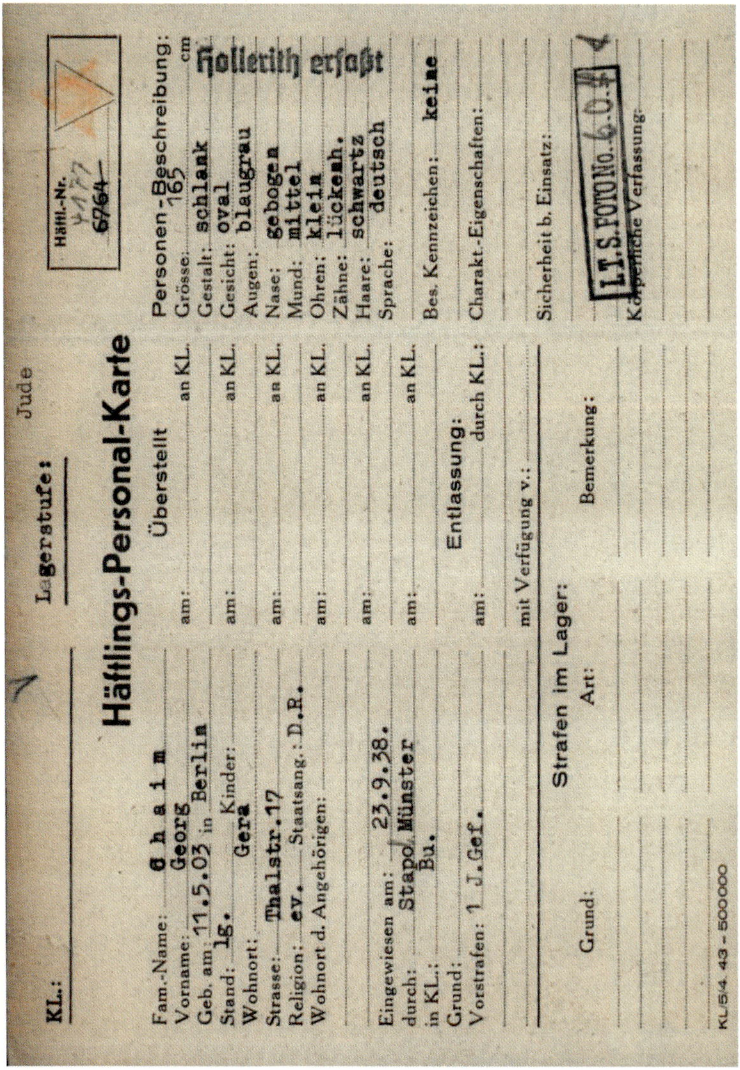

KL.:

Lagerstufe: Jude

Häftlings-Personal-Karte

Fam.-Name: Chaim
Vorname: Georg
Geb. am: 11.5.03 in Berlin
Stand: lg. Kinder:
Wohnort: Gera
Strasse: Thalstr. 17
Religion: ev. Staatsang.: D.R.
Wohnort d. Angehörigen:

Eingewiesen am: 23.9.38.
durch: Stapo Münster
in KL.: Bu.
Grund:
Vorstrafen: 1 J.Gef.

Überstellt
am: an KL.
am: an KL.
am: an KL.
am: an KL.
am: an KL.
am: an KL.

Entlassung:
am: durch KL.:
mit Verfügung v.:

Häftl.-Nr. 6764

Personen-Beschreibung:
Grösse: 165 cm
Gestalt: schlank
Gesicht: oval
Augen: blaugrau
Nase: gebogen
Mund: mittel
Ohren: klein
Zähne: lückenh.
Haare: schwartz
Sprache: deutsch

Bes. Kennzeichen: keine
Charakt.-Eigenschaften:
Sicherheit b. Einsatz:
Körperliche Verfassung:

Hollerith erfaßt
L.T.S. FOTO No.

Strafen im Lager:
Grund: Art: Bemerkung:

KL/5/4 43 - 500000

1.1.5.3./5660513/IST Digital Archive, Arolsen Archives.

Abb. 5 / Häftlingspersonalbogen Georg Chaims mit Stempel „Jude“

Er konnte Grundstücke und Firmen beschlagnahmen lassen unabhängig davon, ob die Käufer jüdischen Eigentums Privatpersonen, Firmen oder staatliche Behörden waren. Zu diesem Zweck baute er ein Netz aus vertrauenswürdigen Personen auf, die enteigneten Besitz im Namen der Landesregierung treuhänderisch verwalteten. Sie hatten das Kontroll- und Verfügungsrecht über das ihnen anvertraute Eigentum. Eine Bestallungsurkunde des Landespräsidenten Paul beglaubigte den Einsatz als Verwalter / Treuhänder. Da der Sonderbeauftragte Georg Chaim eng mit der jüdischen Landesgemeinde in Erfurt zusammenarbeitete, wurden auch jüdische Verwalter eingesetzt, wie Max Blau, Vorsitzender der Jenaer jüdischen Gemeinde und Vorstandsmitglied der Jüdischen Landesgemeinde Erfurt. Er war einer der Engagiertesten im Netzwerk der Wiedergutmachungsbehörde.[49]

Ein Weg, das „arisierte" Eigentum zu erfassen, war die im Wiedergutmachungsgesetz festgelegte Verpflichtung der Käufer, den von ihnen zwischen 1933 und 1945 erworbenen Besitz jüdischer Eigentümer bis 31. Oktober 1945 bei den kommunalen Behörden zu melden. Zum Arbeitsfeld des „Sonderbeauftragten für die Verwaltung ehemals jüdischen Besitzes" Chaim gehörte auch die aktive Suche nach den rechtmäßigen Eigentümern oder deren Nachkommen. Das war zwar im Gesetzestext zu den Befugnissen der Wiedergutmachungsbehörde nicht vorgeschrieben, ist aber im Interesse der jüdischen Geschädigten dennoch in Angriff genommen worden. Wie Chaim und seine Mitarbeiter agierten, um Möglichkeiten der Rückübertragung von „arisiertem" Eigentum auf den Weg zu bringen, obwohl sich Geschädigte noch nicht selbst gemeldet hatten, lässt sich anhand der Wiedergutmachungsakten jüdischer Bürger Thüringens nachvollziehen, die bis März 1949 beim Ministerium der Finanzen eingegangen waren.[50] Akten, die das Vorgehen der Chaim-Behörde bei der Anwendung des Wiedergutmachungsgesetzes

49 Schüler, Wiedergutmachungsgesetz (wie Anm. 19), S. 127.
50 Ebd., S. 135; Spannuth, Rückerstattung Ost (wie Anm. 21), S. 128.

dokumentieren, sind auch in kommunalen Archiven des Landes Thüringen erhalten. Im Rahmen eines im Jahr 2020 begonnenen Forschungsprojektes für eine Ausstellung zu jüdischem Leben in Arnstadt und Plaue sind diese Akten im Stadt- und Kreisarchiv Arnstadt erstmals in den Blick geraten.

Bemühungen zur Sicherung der Eigentumsrechte von jüdischen Arnstädter Bürgern durch den Sonderbeauftragten Georg Chaim

Im letzten Drittel des 19. Jahrhunderts siedelten sich kontinuierlich jüdische Unternehmen in Arnstadt an. Im Zeitraum 1874 bis 1929 zählte der Arnstädter jüdische Wirtschaftssektor 19 Vieh- und Lederhändler und 29 Firmen weiterer Branchen (Textil-, Maschinen- und Baumaterialfirmen sowie Lebensmittelgeschäfte).[51] Im Sommer 1932 gab es in Arnstadt noch 23 Unternehmen jüdischer Inhaber. Die Liquidierung und die „Arisierung" von Unternehmen und Grundeigentum begann hier schon weit vor 1938. Im Jahr 1939 wurden die letzten drei Firmen liquidiert, der Wirtschaftsstandort Arnstadt war „judenfrei".[52]

Auch die Familie Ehrlich gehörte zu den enteigneten Juden Arnstadts. Kurt Ehrlich war Inhaber einer Firma für Holzdrehwaren, die schon 1936 aus dem Handelsregister gelöscht worden war. Er und seine Schwester Lydia Ehrlich besaßen noch ein Wohnhaus nebst Hofgrundstück in der Roonstraße 15 in Arnstadt. Kurt Ehrlich gelang 1938 die Flucht ins Exil in die USA.[53] Seine Schwester Lydia wurde am 10. Mai 1942 deportiert und 1943 in Belzyce ermordet.[54] Haus und Grundstück wurden einen Monat nach der Deportation von Lydia Ehrlich,

51 Guß, Martina /Kirschschlager Andrea: Jüdische Gewerbeansiedlungen in Arnstadt von 1874 bis 1929, in: Jüdische Familien in Arnstadt und Plaue. Katalog zur Sonderausstellung, hrsg. vom Schlossmuseum Arnstadt, Weimar 2021, S. 65–107.

52 Gibas: „Arisierung" Beispiel Arnstadt, (wie Anm. 13), S. 108–148.

53 Guß, Jüdische Gewerbeansiedlungen (wie Anm. 51), S. 101.

54 Liesenberg, Carsten / Stein, Harry: Deportation und Vernichtung der Thüringer Juden 1942, Erfurt 2012, S. 199.

am 12. Juni 1942, auf der Grundlage der 11. Verordnung zum Reichsbürgergesetz „arisiert“. Neuer Eigentümer war das Deutsche Reich.[55] Da nach 1945 für diesen Fall Ansprüche auf Rückerstattung nicht angemeldet worden waren und auch nicht bekannt war, ob es überhaupt noch Überlebende der Familie Ehrlich gab, agierte die Chaim-Behörde lediglich in Kenntnis der Grundbucheintragungen. Georg Chaim schrieb am 5. Juni 1946 an das Finanzamt Arnstadt:

> *„Da der augenblickliche Aufenthalt der Wiedergutmachungsberechtigten nicht bekannt ist und daher eine sofortige Rückgewehr des Grundstückes nicht möglich ist, rechtfertigt sich die in § 3. Abs. 1 des Wiedergutmachungsgesetzes vorgesehene Verwaltung durch den Landespräsidenten in Form der Einsetzung eines Verwalters. Der Verwalter ist den Behörden und den abwesenden jüdischen Eigentümern oder deren Erben in seiner Eigenschaft als Verwalter in gleicher Weise verpflichtet. Er erhält seine Weisungen ausschließlich vom Präsidenten des Landes Thüringen. […] Jeder Eingriff anderer deutscher Behörden in die Grundstücksverwaltung und jede andere Weisung an den bestellten Verwalter ist unzulässig.“*[56]

Im Stadt- und Kreisarchiv Arnstadt ist auch eine Akte mit dem Titel „Sequesterangelegenheit, Wiedergutmachungsgesetz und jüdischer Grundbesitz-Entnazifizierung 1945–1952“ erhalten. Hier findet sich u. a. ein undatiertes Dokument, das Erwerber jüdischen Eigentums, die Adressen des Haus- und Grundeigentums und die damaligen jüdischen Besitzer vermerkt.[57] Unter den Geschädigten waren auch die Viehhändler Adolf Mendel, Max Friedmann und David Ambach.[58] Einer der

55 Stadt- und Kreisarchiv Arnstadt, Rat des Kreises, Bauamt, Akten über die Mietgrundstücke in Arnstadt. Roonstraße 15, ehemals jüdisches Eigentum, Sig. 596.

56 Ebd.

57 Stadt- und Kreisarchiv Arnstadt, Stadt Arnstadt, Sig. 157–02-4.

58 Ebd.

Käufer der Grundstücke – die Thüringer Zentral-Viehverwaltung Erfurt – teilte der Selbstverwaltung Arnstadt am 26. November 1945 mit:

> *„Uns gehören auf Grund der Kaufverträge vom 28. November 1938 die in Arnstadt gelegen Grundstücke [...] Diese Grundstücke haben die Vorbesitzer am 28. November 1938 ‚a) Adolf Israel Mendel aus Arnstadt, b) Max Israel Friedmann aus Arnstadt, c) David Israel Ambach aus Arnstadt' an uns zu den oben genannten Preisen verkauft, wie durch die Eintragung im Grundbuch von Arnstadt Band 83 Blatt 3201 nachgewiesen wird.“*[59]

David Ambach und seine Frau Paula wurde 1943 in Sobibor ermordet, Max Friedmann starb 1940 im Exil in Amsterdam.[60] Adolf Mendel und seiner Frau Bertha gelang 1939 die Flucht nach Chile.[61]

In der Akte befinden sich auch einzelne Schreiben zu Selbstanzeigen, die versuchen, die Erwerbungen jüdischen Eigentums zu rechtfertigen und so den Tatbestand „auf verwerfliche Weise weggenommen“ zu entkräften, den das Gesetz als Grund für eine Beschlagnahme formuliert. So argumentiert ein Arnstädter am 31. Oktober 1945:

> *„Infolge der Veröffentlichung des Wiedergutmachungsgesetzes vom 14.09.1945 wonach Grundstücke, die aus jüdischer Hand stammen, angemeldet werden müssen, melde ich hiermit folgendes: Ich habe das Grundstück Arnstadt, Erfurter Straße 6 laut notariellem Kaufvertrag vom 20. März 1939 [...] von der Witwe Laura Appel geb. Jüngster übernommen. Zwischen dem damaligen Hauswirt Emanuel Appel und mir bestanden freundschaftliche Beziehungen und wir*

59 Ebd.
60 Guß, Jüdische Gewerbeansiedlungen (wie Anm. 51), S. 75.
61 Gibas, „Arisierung“ Beispiel Arnstadt (wie Anm. 13), S. 143.

sprachen bereits beim Einzug davon, dass ich im Falle eines Verkaufs des Hauses das Vorkaufsrecht eingeräumt erhalten sollte, was mir 1938 auch schriftlich gegeben wurde“[62]

Emanuel Appels Firma für Manufakturwaren und Berufsbekleidung ist am 21. Januar 1938 aus dem Handelsregister gelöscht worden. Er konnte das Geschäft als Kleingewerbe in seinem Wohnhaus noch bis zum endgültigen Verbot betreiben, das für alle jüdischen Unternehmen ab 1. Januar 1939 galt. Er verstarb wenige Tage nach der Auflösung im Februar 1939, seine Frau Laura im September 1940.[63]

Im Nachlass der Arnstädter Familie Hirschmann befindet sich der Brief einer ehemaligen Angestellten des Finanzamtes Arnstadt. Sie beschwerte sich über eine Begegnung mit Werner Hirschmann, dem Enkelsohn von Siegmund und Eugenie Hirschmann. Beide Großeltern waren bereits vor ihrer Deportation am 17. März 1943 im Sammellager Viehauktionshalle Weimar ermordet worden, ihre Wohnungseinrichtung wurde konfisziert. Am 27. Januar 1946 erreichte die Arnstädter Behörde das folgende Schreiben:

„Heute erschien Herr Hirschmann in meiner Wohnung und beschuldigte mich, aus den Beständen seiner Großmutter aus der Karolinenstraße 1943 bei der Registrierung des jüdischen Eigentums, Wäsche entwendet zu haben. Dies entspricht nicht den Tatsachen. Ich war von 1.4.41—1.10.43 auf dem Finanzamt in Arnstadt als Angestellte beschäftigt. Zu oben genannten wurde ich von der Behörde beordert, die in der Wohnung befindlichen Inventarien aufzunehmen, also nicht zu taxieren, oder zu verkaufen. Auch diese Registrierung übte ich nicht allein aus.“[64]

---

62 Stadt- und Kreisarchiv Arnstadt, Stadt Arnstadt, Sig. 157–02-4.

63 Guß, Jüdische Gewerbeansiedlungen (wie Anm. 51), S. 94.

64 Kirchschläger Andrea / Kaps, Jörg: Berichte und Briefe von Zeitzeugen, in: Jüdische Familien aus Arnstadt und Plaue. Katalog zur Sonderausstellung, hrsg. vom Schlossmuseum Arnstadt, Weimar 2021; S. 228.

Sie schildert detailliert, wie das Finanzamt Arnstadt mit dem konfiszierten Eigentum verfahren ist, wer in den Vorgang involviert war und was mit einzelnen Gegenständen der Wohnungseinrichtung geschah. Es ging um Möbel, die im Auftrag des Finanzamtes vom Gerichtsvollzieher versteigert wurden und um Eisschränke, die ein Finanzbeamter einem Mieter der ermordeten Hirschmanns verkauft hatte. Die Beschwerdeführerin erklärte, korrekt gehandelt und auch keine Wäsche der Eigentümerin für sich abgezweigt zu haben, wie ihr vom Enkel vorgeworfen worden sei: *„Auf dem Finanzamt wurden die Sachen listenmäßig erfasst und dem Schulleiter [...] der das Umsiedlerlager im Kurhaus leitete, übergeben. Die für das Lager geeignete Wäsche wurde von ihm restlos übernommen und auch von ihm verkauft.“*[65] Solche Rechtfertigungen von Beteiligten an der Beschlagnahme oder von Käufern jüdischen Eigentums finden sich immer wieder in Akten.

Die Behörde des Sonderbeauftragten Chaim konzentrierte sich bei ihrer Suche nach enteignetem Besitz jüdischer Bürger nicht allein auf Grundbucheintragungen und Selbstanzeigen der Käufer jüdischen Eigentums. Sie bemühte sich auch darum, selbst Kontakte zu jüdischen Emigranten zu knüpfen, deren Aufenthalt im Exil bekannt war. Über diesen Weg informierten Chaim und seine Mitarbeiter Geschädigte von der Möglichkeit, ihre Eigentumsrechte auf der Grundlage des Wiedergutmachungsgesetzes anzumelden. Sie wurden zudem gebeten, diese Nachricht an andere Geflüchtete weiterzugeben. Auf diesem Wege erfuhr auch Adolf Mendel im Exil in Chile von der Möglichkeit der Rückübertragung. Am 5. Juni 1947 schrieb er an den Stadtvorstand Arnstadt:

> *„Erhielt ein Schreiben des Rechtsanwaltes u. Notars Frede in Weimar durch Herrn Liebmann aus Erfurt, worin Sie denselben mitteilten, dass Sie mir das Land an der*

65 Ebd.

Schwedenschanze für den damals von Ihnen gezahlten Preis an mich zurückgeben wollen. [...] Ich habe Herrn Justin Liebmann in Erfurt Generalvollmacht erteilt, er wird die Angelegenheit für mich erledigen."[66]

Jüdische Emigranten wandten sich auch direkt an Georg Chaim, aber auch an Ministerpräsident Paul, den sie kannten und dem sie vertrauten.[67] Am 30. Mai 1947 wurde in Reaktion auf Probleme bei gerichtlichen Entscheidungen von Restitutionsanträgen das erste „Gesetz zur Änderung des Wiedergutmachungsgesetzes vom 14. September 1945" verabschiedet. In Artikel 1 änderte der Gesetzgeber den Passus „auf verwerfliche Weise weggenommen", der sich juristisch als problematisch erwiesen hatte. Nun galt die eindeutigere Formulierung „aus politischen, rassischen oder religiösen Gründen entzogen". Zudem verlängerte die Gesetzesnovelle die Anmeldefrist von Vermögensrückforderungen Geschädigter bis 30. Dezember 1947.[68]

Ministerpräsident Dr. Rudolf Paul und Georg Chaim, der Sonderbeauftragte für die Sicherstellung von Restitutionsmöglichkeiten für jüdische Geschädigte, waren Ende 1947 schon nicht mehr im Amt. Beide, Paul und Chaim, hatten ganz im Sinne des von Dr. Hermann Brill initiierten Thüringer Wiedergutmachungsgesetzes gehandelt und seine Anwendung nach Kräften befördert. Paul, der den Kurs der sowjetischen Besatzungsmacht und der SED auf eine zentralstaatliche Umgestaltung der SBZ nicht mittragen wollte, floh am 1. September 1947 nach West-Berlin.[69] Kurz darauf wurde auch Georg Chaim seines Amtes enthoben. Er war mit der Landeskommission zur Abwicklung der SMAD-Befehle 126/127 in Kollision geraten.[70] Werner Eggerath (16.03.1900–16.06.1977), seit 1924 KPD-Mitglied, 1936 vom Volkgerichtshof wegen

66 Kirchschläger, Berichte und Briefe (wie Anm. 64), S. 232f.

67 Schüler, Wiedergutmachungsgesetz (wie Anm. 19), S. 128.

68 Regierungsblatt für Thüringen Band II 1947, S. 51.

69 Wahl u. a. Thüringer Regierungschefs (wie Anm. 26), S. 65.

70 Schüler, Wiedergutmachung (wie Anm. 19), S. 124.

Hochverrates zu 15 Jahren Zuchthaus verurteilt und seit Oktober 1945 an der Spitze der KPD-Bezirksleitung Thüringen tätig, wurde am 8. Oktober 1947 Ministerpräsident von Thüringen.[71] Das Amt von Georg Chaim übernahm Regierungsrat Eberhard.[72] Eine letzte Verlängerung der Anmeldefrist für die Geschädigten erfolgte am 25. Februar 1948 mit dem „2. Gesetz zur Änderung des Wiedergutmachungsgesetzes". Sie wurde auf den 31. Dezember 1948 festgesetzt.[73]

Der Befehl Nr. 64 der SMAD vom 21. Mai 1948 dekretierte die Beendigung der Sequesterverfahren in der SBZ. Das bedeutete, dass die „Landeskommissionen zur Durchführung der Befehle 124/126" alle nach Kriegsende beschlagnahmten Vermögen von Kriegsverbrechern und Naziaktivisten nicht mehr restituieren konnten. Von dieser Regelung war auch die weitere Anwendung des Thüringer Wiedergutmachungsgesetzes betroffen. Am 22. Dezember 1948 schrieb die Abteilung Landespolitik des Zentralkomitees der SED an den Landesvorstand der SED in Thüringen:

> *„Wir halten es nicht für nötig, daß für die kurze Spanne zwischen dem 31. Dezember 1948 und dem Erlaß der DWK-Verordnung [dem VdN-Gesetz] eine besondere Verlängerung Eures Wiedergutmachungsgesetzes notwendig ist. Insbesondere erwarten wir, daß mit dem Zuendegehen Eures Wiedergutmachungsgesetzes das Amt des Sonderbevollmächtigten für Wiedergutmachung auch erlischt. Der Bevollmächtigte für Wiedergutmachung soll nach Berichten, die wir hier haben, einige Betriebe, die für die Entwicklung unserer Wirtschaft wertvoll sind, in treuhänderischer Verwaltung haben. Wir sind durchaus einverstanden, daß alle diese Objekte zu Volkseigentum erklärt werden."*[74]

---

71 Zur Biografie siehe Wahl u. a. Thüringer Regierungschefs (wie Anm. 26), S. 67–71.

72 Schüler, Wiedergutmachung (wie Anm. 19), S. 124.

73 Regierungsblatt für Thüringen Band III 1948, S. 29.

74 Zit. nach Schüler, Wiedergutmachungsgesetz (wie Anm. 19), S. 132.

Am 5. Februar 1949 legte die Deutsche Wirtschaftskommission (DWK) ein Gutachten vor, das sich direkt mit dem Thüringer Wiedergutmachungsgesetz befasste. In den Akten des Büros des Ministerpräsidenten Eggerath befindet sich ein Dokument der Hauptabteilung Regierungsangelegenheiten der Regierungskanzlei vom 7. Juni 1950, das auf das Gutachten der DWK verweist und die Konsequenzen erläutert:

> *„Durch die Anordnung zur Sicherung der rechtlichen Stellung der anerkannten Verfolgten des Naziregimes vom 5.2.1949 tritt die im Wiedergutmachungsgesetz des Landes Thüringen getroffene Regelung über die Rückgabe des während des Naziregimes beschlagnahmten jüdischen Vermögens aus folgenden Gründen außer Kraft: [...] Die genannte Anordnung der DWK regelt in den § 1-5 einheitlich und generell die Wiedergutmachung des von den anerkannten Verfolgten des Naziregimes erlittenen Unrechts durch eine materielle Besserstellung, Versorgung und Betreuung gegenüber der übrigen Bevölkerung. Außer dieser Form der Wiedergutmachung ist eine individuelle Restitution verlorener Sachwerte oder Rückerstattung von Grundstücken nicht vorgesehen. [...] das Thüringer Wiedergutmachungsgesetz muß deshalb mit der Anordnung der DWK vom 5.10.1949 als außer Kraft gesetzt angesehen werden.“*[75] *(Abb.6)*

Resümee

Thomas Schüler bemerkt dazu in seinem Aufsatz zum Wiedergutmachungsgesetz abschließend:

> *„Die Frage, ob Wiedergutmachung durch (wenigstens teilweise) Rückgewehr entzogenen Eigentums oder aber durch besondere Förderung und Fürsorge der Betroffenen*

75 LATh – HStA Weimar, Land Thüringen – Der Ministerpräsident, Büro des Ministerpräsidenten Nr. 1193, Bl. 34r.

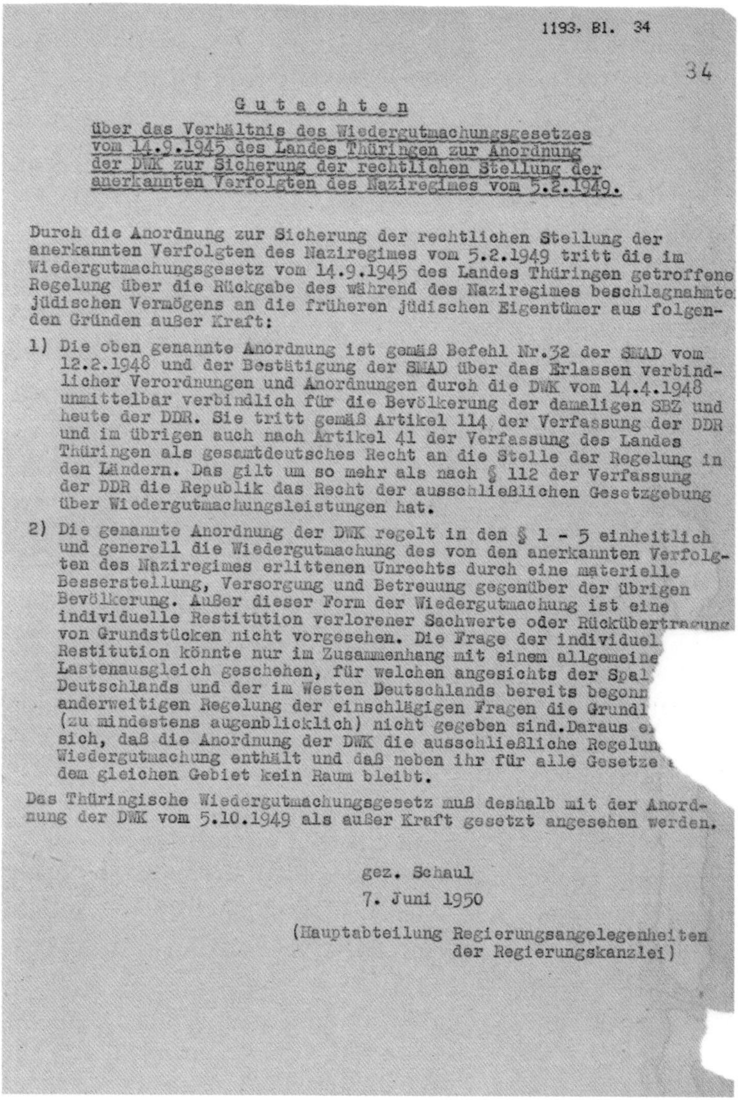

1193, Bl. 34

34

G u t a c h t e n

über das Verhältnis des Wiedergutmachungsgesetzes vom 14.9.1945 des Landes Thüringen zur Anordnung der DWK zur Sicherung der rechtlichen Stellung der anerkannten Verfolgten des Naziregimes vom 5.2.1949.

Durch die Anordnung zur Sicherung der rechtlichen Stellung der anerkannten Verfolgten des Naziregimes vom 5.2.1949 tritt die im Wiedergutmachungsgesetz vom 14.9.1945 des Landes Thüringen getroffene Regelung über die Rückgabe des während des Naziregimes beschlagnahmte jüdischen Vermögens an die früheren jüdischen Eigentümer aus folgenden Gründen außer Kraft:

1) Die oben genannte Anordnung ist gemäß Befehl Nr.32 der SMAD vom 12.2.1948 und der Bestätigung der SMAD über das Erlassen verbindlicher Verordnungen und Anordnungen durch die DWK vom 14.4.1948 unmittelbar verbindlich für die Bevölkerung der damaligen SBZ und heute der DDR. Sie tritt gemäß Artikel 114 der Verfassung der DDR und im übrigen auch nach Artikel 41 der Verfassung des Landes Thüringen als gesamtdeutsches Recht an die Stelle der Regelung in den Ländern. Das gilt um so mehr als nach § 112 der Verfassung der DDR die Republik das Recht der ausschließlichen Gesetzgebung über Wiedergutmachungsleistungen hat.

2) Die genannte Anordnung der DWK regelt in den § 1 - 5 einheitlich und generell die Wiedergutmachung des von den anerkannten Verfolgten des Naziregimes erlittenen Unrechts durch eine materielle Besserstellung, Versorgung und Betreuung gegenüber der übrigen Bevölkerung. Außer dieser Form der Wiedergutmachung ist eine individuelle Restitution verlorener Sachwerte oder Rückübertragung von Grundstücken nicht vorgesehen. Die Frage der individuel
Restitution könnte nur im Zusammenhang mit einem allgemeine
Lastenausgleich geschehen, für welchen angesichts der Spal
Deutschlands und der im Westen Deutschlands bereits begonn
anderweitigen Regelung der einschlägigen Fragen die Grundl
(zu mindestens augenblicklich) nicht gegeben sind. Daraus e
sich, daß die Anordnung der DWK die ausschließliche Regelun
Wiedergutmachung enthält und daß neben ihr für alle Gesetze
dem gleichen Gebiet kein Raum bleibt.

Das Thüringische Wiedergutmachungsgesetz muß deshalb mit der Anordnung der DWK vom 5.10.1949 als außer Kraft gesetzt angesehen werden.

gez. Schaul

7. Juni 1950

(Hauptabteilung Regierungsangelegenheiten der Regierungskanzlei)

Landesarchiv Thüringen – Hauptstaatsarchiv Weimar, Land Thüringen – Der Ministerpräsident, Büro des Ministerpräsidenten Nr. 1193, Bl. 34r.

Abb. 6 / Gutachten der deutschen Wirtschaftskommission zur Abwicklung des Thüringer Wiedergutmachungsgesetzes

geleistet werden sollte, hatte [...] auch die Alliierten beziehungsweise die USA bewegt. Die Entscheidung, durch Fürsorgeleistungen die Opfer des Nationalsozialismus zu entschädigen, wurde in Thüringen durch die spezifische Haltung der sowjetischen Besatzungsmacht und der SED zum Eigentum, insbesondere zum Staatseigentum, entschieden".[76]

Das betraf nicht nur das Land Thüringen. Noch bis 1989 verweigerten DDR-Behörden in aller Regel die Restitution von Unternehmen und Immobilien. Das sozialistische Programm der Verstaatlichung der Schlüsselindustrien, der Banken, Versicherungen bis hin zu mittelständischen Betrieben, hätte durchaus die Restitution „arisierter" Kleinbetriebe zugelassen. Der Hauptgrund für die Zurückweisung jüdischer Restitutionsansprüche in der DDR war die Grundsatzentscheidung der neuen politischen Machtelite für den Aufbau einer auf Staatseigentum basierenden sozialistischen Gesellschaft nach sowjetischem Vorbild. Eine grundsätzliche Änderung der Rückgabesituation ergab sich erst, als im Rahmen des Einigungsvertrages von 1990 festgelegt wurde, alle offenen Vermögensfragen im Beitrittsgebiet nach dem Prinzip Rückgabe vor Entschädigung zu regeln.

Trotz des letztendlichen Scheiterns der mit dem Thüringer Wiedergutmachungsgesetz intendierten Aufgabe, insbesondere alle jüdischen Verfolgten in ihre legitimen Eigentumsrechte wieder einzusetzen, kommt Jan Philipp Spannuth in seiner Analyse zu folgendem Schluss:

„Die Wiedergutmachung in Thüringen war weitaus mehr als nur eine Farce. Sie war auf Grund ernst gemeinter Motive auf den Weg gebracht worden und wurde in den Jahren 1945 und 1949 von engagierten Personen getragen.

76 Schüler, Wiedergutmachung (wie Anm. 19), S. 136.

Das thüringische Wiedergutmachungsgesetz stellte bei allen Mängeln den ersten staatlichen Versuch dar, sich aus einer übergeordneten moralischen Verpflichtung heraus dem Thema Wiedergutmachung in einer Art und Weise zu stellen, die konkrete Taten zum Maßstab und die tatsächliche Rückabwicklung des Naziraubes zum Ziel hatte.“[77]

77 Spannuth, Rückerstattung Ost (wie Anm. 21), S. 135.

ANDREAS WEIGELT

Julius Meyer und Heinz Galinski

Die Spaltung der Jüdischen Gemeinden am Beispiel Berlin

In diesem Aufsatz geht es um zwei von der Geschichtsschreibung sehr ungleich behandelte Menschen, die durch den Holocaust aus ihrem gewohnten Leben herausgerissen und während der Hochzeit des Kalten Kriegs zu historischen Persönlichkeiten wurden.

Julius Meyer und Heinz Galinski waren die herausragenden ersten Repräsentanten der Jüdischen Gemeinde zu Berlin nach der Befreiung vom Nationalsozialismus.

Während es von Heinz Galinski nicht nur zahlreiche selbst publizierte Schriften gibt, liegt nach dem Memorial-Band anlässlich seines Todes „Aufbau nach dem Untergang" von 1992[1] und der Kurzbiographie von Klaus Schütz von 2004[2], seit einigen Jahren auch eine – wenngleich relativ apologetische – politische Biographie von Juliane Berndt vor. Sie hat, wie Andraes Nachama richtig feststellt, allerdings *„die Rolle Heinz Galinskis als Politiker innerhalb der jüdischen Gemeinschaft nicht oder nur am Rand abgehandelt"*. Die Darstellung dieses Wirkens bleibt also weiter „ein Desiderat der künftigen Forschung".[3]

1 Andreas Nachama und Julius H. Schoeps (Hrsg.), Aufbau nach dem Untergang. Deutsch-jüdische Geschichte nach 1945. In memoriam Heinz Galinski, Berlin 1992.

2 Klaus Schütz, Heinz Galinski. Ein Berliner unter dem Davidsschild, Teetz 2004.

3 Andreas Nachama, Persönliche Erinnerungen, in: Andreas Nachama und Julius H. Schoeps (Hrsg.), Aufbau nach dem Untergang. Deutsch-jüdische Geschichte nach 1945. In memoriam Heinz Galinski, Berlin 1992, S. 255–258, hier S. 258.

Über das nur sieben Jahre andauernde Engagement von Julius Meyer als politischer und Gemeindefunktionär sind bisher nur zwei kürzere Bestandsaufnahmen 1999 von Andreas Herbst und darauf aufbauend 2008 von mir selbst erschienen.[4] Das Jüdische Museum Frankfurt am Main hat ihm in der Ausstellung „Unser Mut. Juden in Europa 1945 – 1948“ eine Biographie gewidmet.[5]

In gewissem Sinne hat Heinz Galinski nach vielen Jahren voller Konflikte und Konkurrenzen letztlich das Erbe des 1954 aus West-Berlin in die südamerikanische Emigration gedrängten Julius Meyer angetreten. Sein eigenes späteres Gelingen ist nicht ohne Meyers Verdienste zu würdigen. Doch während Galinskis Name noch 30 Jahre nach seinem Tod in vieler Munde ist und Schulen und Straßen, ja sogar ein Preis nach ihm benannt sind, starb Meyer als verarmter Gemüsehändler in Sao Paulo – nun, das darf und muss man heute sagen – als von der westdeutschen Justiz im Geiste des Antibolschewismus Verfemter, als ein zuletzt nach dem Nationalsozialismus und nach seiner Flucht aus der DDR somit dreifach zu Unrecht Verfolgter. Darüber wird noch zu sprechen sein.

Ralph Giordano hat kurz nach dem Tod von Galinski pointiert formuliert, *„Auschwitz war der Daseinskompass von Heinz Galinski“*.[6] Dies gilt ebenso für Julius Meyer.

Zunächst fallen zahlreiche biographische Gemeinsamkeiten auf.

Beide werden in Westpreußen geboren, Galinski 1912 in Marienburg. Die Stadt kam mit der ersten polnischen Teilung

---

4 Andreas Herbst, Großmutter im Sterben. Die Flucht der Repräsentanten der Jüdischen Gemeinden 1953 aus der DDR, in: Annette Leo, Peter Reif-Spirek (Hrsg.), Helden, Täter und Verräter, Studien zum DDR-Antifaschismus, Berlin 1999, S. 13–35; Andres Weigelt, Julius Meyer (1909–1979) „… gründete Ende 1945 aus eigener Initiative eine so genannte ‚Jüdische Gemeinde‘ in Berlin…“, in: Andreas Weigelt/Hermann Simon (Hrsg.), Zwischen Bleiben und Gehen. Juden in Ostdeutschland 1945 bis 1956. Zehn Biographien, Berlin 2008, S. 75–129.

5 Julius Meyer, in: Kata Bohus, Atina Grossmann, Werner Hanak, Mirjam Wenzel (Hrsg.), „Unser Mut. Juden in Europa 1945 – 1948“, Berlin/Boston 2021, S. 190–191.

6 Ralph Giordano, Auschwitz – das war der Daseinskompaß, in: Andreas Nachama und Julius H. Schoeps (Hrsg.), Aufbau nach dem Untergang. Deutsch-jüdische Geschichte nach 1945. In memoriam Heinz Galinski, Berlin 1992, S. 25–26, hier S. 25.

1772 an Preußen und im Ergebnis des Zweiten Weltkriegs als Malbork wieder an Polen. Hier lebten 1925 34000 Menschen, davon waren nur 179 Juden.

Julius Meyer wurde bereits 1909 im weit kleineren und 180 km entfernten Städtchen Krojanke geboren, das ebenfalls 1772 an Preußen gelangt war und 1945 als Krajenka wieder zu Polen zurückkehrte. 1925 lebten 3500 Menschen dort, unter ihnen immerhin 320 Juden.

Galinskis kaisertreuer Vater kehrte aus dem Ersten Weltkrieg als 70-Prozent-Invalide zurück. Meyers Vater, ebenfalls ein Kaufmann, kam zwar gesund nach Hause, doch war 1917 die Mutter des achtjährigen Julius gestorben.

Beide waren frühzeitig im Gemeindeleben aktiv. Galinski hat an jedem Sabbat die Synagoge besucht. Der etwas ältere Meyer gehörte in Krojanke sogar der Repräsentanz seiner Gemeinde an.

Während Galinskis Eltern, die ein Textilgeschäft betrieben, ihrem Sohn das Abitur ermöglichen konnten und er den Beruf eines Textilkaufmanns erlernte, wuchs Meyer bei Verwandten sowie im Pflegeheim auf und wurde Ledermacher. Beide wiederum strebten infolge früher Nazi-Repressionen von ihrer Heimat fort und gingen nach Berlin, Meyer schon 1935, Galinski über die Zwischenstation Rathenow 1938.

Beide lernten hier ihre ersten Ehefrauen kennen, Heinz Galinski in Rathenow Gisela Jakobson und Julius Meyer in Berlin Gerda Lachetzki.

Nach Ihrer Flucht aus Westpreußen lebten sie im Prenzlauer Berg fast als Nachbarn nur ein paar hundert Meter entfernt voneinander, Meyer in der Saarbrücker Straße 6 und Galinski in der Schönhauser Allee, zuletzt in Nummer 30. Etwa in der Mitte lag der alte Jüdische Friedhof Schönhauser Allee.

Die für alle Juden 1938 eingeführte Zwangsarbeit – im Nazideutsch „geschlossener Arbeitseinsatz" – verschlug beide in denselben Berliner Konzern, zu Siemens. Meyer musste als Maschinenführer bei Siemens & Halske in Berlin-Jungfernheide und Galinski bei Siemens-Schuckert in Berlin-Spandau in der Asbestwickelei schuften. Beide haben sich in dieser Zeit nicht gekannt.

Zwei Jahre nach dem Krieg haben sie jedoch gemeinsam als Zeugen im Rahmen der Entnazifizierungsverfahren gegen Firmenverantwortliche ausgesagt und auf Demonstrationen gegen die Nichtverurteilung der Siemens-Vorstände Wolf-Dietrich von Witzleben, Hanns Benkert und Bruno Gerhard Pohlmann protestiert.

Die Deportation nach Auschwitz riss sie unmittelbar vor Beginn der Fabrikation aus der Sklavenarbeit bei Siemens heraus, Meyer am 19. Februar 1943 mit dem sogenannten 29. Osttransport, Galinski eine Woche später am 26. Februar mit dem 30. Osttransport.

Beide blieben – nach der blitzartigen Selektion neben den Gleisen des Güterbahnhofs Birkenau – die einzigen Überlebenden ihrer Familien.

Über Galinski ist nur bekannt, dass er im Buna-Werk der IG Farben, dem Lager Auschwitz III in Monowitz bis Januar 1945 eingesetzt war, dann nach Mittelbau-Dora und von dort nach Bergen-Belsen verschleppt worden ist, wo er am 15. April 1945 von der britischen Armee befreit wurde. Über Konkretes seiner Lagerzeit, etwa Kontakte zu anderen Häftlingen, hat er nichts berichtet. Wichtig war ihm jedoch mitzuteilen, dass im Buna-Werk ein ziviler Meister für ihn heimlich Brot versteckte. Ansonsten habe er überlebt – so bekennt er 37 Jahre später für ihn ungewöhnlich nachdenklich –, *„indem ich mir etwas vorgemacht habe, Illusionen vorgegaukelt habe!“*[7] *„Ich überlebte ... durch Zufall. Das ist eine grauenhafte Erkenntnis, und es ist unmöglich mit ihr ruhig zu leben. Sinnloses Sterben ist unwiederbringlich, aber sinnloses, zufälliges Leben ist unerträglich.“*[8]

---

7 ... um der Menschheit zu ersparen, was uns nicht erspart geblieben ist... Burkhard Asmuss und Andreas Nachama im Gespräch mit Heinz Galinski, S. 60–61.

8 Heinz Galinski, Die Ehrung bedeutet vor allem Verpflichtung. Rede vor dem Berliner Abgeordnetenhaus am 26. November 1987, in: Andreas Nachama und Julius H. Schoeps (Hrsg.), Aufbau nach dem Untergang. Deutsch-jüdische Geschichte nach 1945. In memoriam Heinz Galinski, Berlin 1992, S. 79–84, hier S. 80.

Julius Meyer hingegen war im Hauptlager Auschwitz I als Vorarbeiter im Kommando Straßenbau und Kanalisation eingesetzt, in der Lagersprache also ein Kapo. In Auschwitz hatte er Kenntnis von der geheimen Widerstandsgruppe um Bruno Baum und Dr. Heinrich Dürmayer. Er gab 1945 als Zeugen dafür neben Bruno Baum auch Ludwig Wörl an, den Lagerältesten der Krankenbau-Baracken im Stammlager. Ja, er bezeichnete sich sogar selbst als Teil dieser Widerstandsgruppe Auschwitz, die er auch eine „KPD-Widerstandsgruppe" nannte[9]. Baum erwähnt Julius Meyer in seinen stark überzeichneten Erinnerungen jedoch nicht.[10] Meyer war zuletzt Kapo in einem Frauenkommando des Lagers Birkenau. Zwei Jahre nach dem Krieg bezeichnete Heinz Galinski im März 1947 in „Der Weg" Bruno Baum und Julius Meyer in einem Aufsatz über jüdischen Widerstand in Auschwitz in einem Atemzug als „besonders aktive Juden". Da war das Verhältnis der beiden noch nicht getrübt. Was Galinski sehr detailliert wiedergab, konnte er nur von Meyer oder anderen Überlebenden erfahren haben. Galinski führte Meyers Widerstand als Beweis dafür ins Feld, dass Juden keineswegs allein als Opfer betrachtet werden dürfen, sondern dass sie als Teil des allgemeinen Widerstands gegen den Nationalsozialismus gewürdigt werden sollten. Von eigenem Widerstand hat er nicht berichtet. Er verfasste seine Darstellung vor dem Hintergrund der erbitterten Auseinandersetzung über die Anerkennungsrichtlinien im Hauptausschuss „Opfer des Faschismus", ob nämlich Juden nur Opfer oder auch Kämpfer waren. Es war eine der schwerwiegenden Fragen, die einige Jahre später die jüdische Gemeinde zu Berlin zerreißen wird.

Meyer kam wie Galinski lebend aus Auschwitz heraus, weil das Lager Mitte Januar 1945 aufgelöst wurde. Laut eigenem Bericht und aufgrund von Zeugenaussagen trug Meyer eine Pistole bei sich, als er 1200 Frauen auf dem Marsch nach Westen begleitete. Die Widerstandsgruppe um Dürmayer und Józef

9 Abschrift VVN-Aufnahmeantrag von Julius Meyer o. D., in: LArch Berlin, C Rep. 906–01, Akte 53.
10 Bruno Baum, Widerstand in Auschwitz, Berlin 1948. Erweiterte Neuauflage Berlin 1962.

Cyrankiewicz habe beschlossen, so berichtete Meyer später, dass durch ihn eine bestimmte Frauengruppe „in Sicherheit gebracht" werden sollte. In Ravensbrück angekommen, wurde er im Industriehof erneut als Kapo eingesetzt.[11] Hier im Frauen-KZ lernte er seine zweite Ehefrau Ruth Glückmann kennen, die seit März 1943 in Auschwitz/Birkenau inhaftiert war und mit der er am 2. Mai 1945 im Außenlager Malchow von Einheiten der Roten Armee befreit wurde. Am 19. Mai trafen beide in Berlin ein. Ihre Eheschließung Mitte August 1945 war die erste jüdische Hochzeit nach der Befreiung Berlins.

Heinz Galinski durchquerte nach seiner Befreiung in Bergen Belsen ohne offizielle Papiere die britisch-sowjetische Demarkationslinie und wurde auf dem Weg nach Berlin als verdächtige Person festgenommen. Es gelang ihm im NKWD-Gefängnis in Brandenburg/Havel erst nach Monaten, die sowjetischen Vernehmer davon zu überzeugen, dass er als Jude habe überleben können.

Als er im August 1945 in Berlin eintraf, war die Jüdische Gemeinde bereits neu gegründet und die politischen Verhältnisse hatten sich grundlegend geändert. Obwohl er später stets behauptete, die Gemeinde nie als Liquidationsgemeinde betrachtet zu haben, aus der die meisten Mitglieder auswandern würden, betrieb er noch bis 1949 die eigene Auswanderung nach Argentinien. Doch seine zweite Frau, sie hieß Ruth wie Meyers Frau und war eine Überlebende des Warschauer Ghettos und eine Partisanenkämpferin, brachte 1949 ihre Tochter Evelyn zur Welt und das machte, wie Galinski später berichtete, *„diese Auswanderung zunichte"*. *„Und so sind wir zunächst eher zufällig hiergeblieben."*[12] Alt-Bundespräsident Richard von Weizsäcker folgte Galinskis späterer Legendenbildung und würdigte ihn so: *„Dass wir nach dem Krieg überhaupt wieder die Neubegründung einer jüdischen*

11 BArch SAPMO, Dy 30/IV 2/4, Bd. 404, Bl. 30–41, 44f.; Dy 30/IV 2/2, Bd. 124, Bl. 354f.

12 ... um der Menschheit zu ersparen, was uns nicht erspart geblieben ist... Burkhard Asmuss und Andreas Nachama im Gespräch mit Heinz Galinski, S. 64.

Gemeinschaft in Berlin erlebt haben, verdanken wir niemandem so nachhaltig wie Heinz Galinski.“[13] Das war stark übertrieben.

Trotz seiner Auswanderungspläne war er in der Gemeinde und in der Gesellschaft so aktiv wie auch Julius Meyer. Mitunter haben Galinski und Meyer in dieser frühen Zeit nach dem Holocaust gemeinsam für die Anerkennung von Gemeindemitgliedern als Opfer des Faschismus gebürgt, etwa für Johanna Katten. Sie war die Frau von Fritz Katten, der seit Juli 1945 die Wirtschaftsabteilung im Ost-Berliner Polizeipräsidium leitete. Gleichzeitig hatte er die Jüdische Gemeinde in Berlin mitbegründet, war Funktionär der VVN, SED-Mitglied und Zionist. Das Ehepaar Katten hatte illegal in Berlin überlebt. Fritz Katten wurde im April 1949 von der sowjetischen Besatzungsmacht verhaftet und bald darauf wegen Unterstützung der Auswanderung sowjetischer Juden nach Israel, darunter Sowjetsoldaten, zu 25 Jahren Lagerhaft verurteilt.[14] So war es 1948 auch dem ersten Gemeindevorsitzenden nach dem Krieg Erich Nelhans ergangen, den derselbe Vorwurf traf. Nelhans starb 1950 im Krankenhaus des Sonderlagers DubrawLag in Mordwinien. [15] Von Heinz Galinski sind zu den Vorgängen um die inoffizielle Hilfe bei der Auswanderung von Juden keine Stellungnahmen bekannt. Er selbst hat sie nicht ausdrücklich gefördert, da er sich gegen jede Idee einer Liquidationsgemeinde aussprach.

Im folgenden sollen die arbeitsteiligen Konflikte aufgerufen werden, deren gegenseitige Protagonisten Meyer und Galinski über Jahre waren.

---

13 Zitat nach Berndt, „Ich weiß, ich bin kein Bequemer...“, S. 64.

14 Andreas Weigelt, Fritz Katten (1898–1964). „Die näheren Gründe seiner Verurteilung sind hier nicht bekannt.“, in: Andreas Weigelt/Hermann Simon (Hrsg.), Zwischen Bleiben und Gehen. Juden in Ostdeutschland 1945 bis 1956. Zehn Biographien, Berlin 2008, S, 55–74, hier S. 64–70.

15 Andreas Weigelt, Erich Nelhans (1899–1950). „... gründete Ende 1945 aus eigener Initiative eine sogenannte ‚Jüdische Gemeinde‘ in Berlin...“, in: Andreas Weigelt/Hermann Simon (Hrsg.), Zwischen Bleiben und Gehen. Juden in Ostdeutschland 1945 bis 1956. Zehn Biographien, Berlin 2008, S, 131–161, hier S. 153–159.

Probleme und Konflikte in der Jüdischen Gemeinde

Schon am 11. September 1945 wird Julius Meyer nach der Bildung eines neuen „geschäftsführenden" engeren Vorstandes mit dem Vorsitzenden Erich Nelhans erstmals als Gemeindefunktionär erwähnt. Er gehört seit diesem Tag auch der Repräsentantenversammlung an. Am 5. Dezember 1945 wird Meyer einstimmig auch in den Vorstand der Gemeinde gewählt.

Heinz Galinski wurde im Januar 1946 in die Repräsentantenversammlung kooptiert und trat erst nach der Gemeindewahl im Februar 1948 in den Vorstand ein.

Seit 1945 war Meyer der Verbindungsmann der Gemeinde zur jüdisch-amerikanischen Hilfsorganisation Joint Distribution Committee (JDC), was ihm ab 1950 in der DDR geschadet, aber nach seiner Flucht 1953 in den Westen nicht geholfen hat.

Bereits seit Februar 1948 fanden übrigens die Sitzungen der Repräsentantenversammlung im Westteil der Stadt in der Joachimsthaler Straße 13 statt, am Standort der orthodoxen Synagoge. Dort hatte die Gemeinde eine zweite Verwaltungsstelle eingerichtet.

Heinz Galinski selbst hat in Umlauf gebracht, er sei nach der Auswanderung des Gemeindevorsitzenden Hans-Erich Fabian am 1. April 1949 zum alleinigen Gemeindevorsitzender gewählt worden, wie er später Burkhard Asmuss und Andreas Nachama berichtete. Tatsächlich wurde 1949 kein neuer Vorsitzender gewählt. Es gab einen solchen bis 1955 nicht.

Im Februar 1949 unternahm Meyer gemeinsam mit Heinz Galinski und Rabbiner Steffen Schwarzschild eine Reise nach Israel, die ihm die SED wenige Jahre später zum Vorwurf machte. „Mit großen erstaunten Augen sah ich das Land Israel...", beginnt sein Bericht für die jüdische Zeitschrift „Der Weg". Meyer wirbt darin uneingeschränkt für die Auswanderung nach Israel. *„Die Perspektiven, in diesem Land zu leben, sind äußerst günstig...*" Die Landwirtschaft biete

Tausenden Arbeit. Die Kibuzzim und dörflichen Siedlungen hebt Meyer als „Musterbeispiel“ hervor.[16] Die dreiwöchige Reise erfolgte auf Einladung des israelischen Konsuls Karl Livneh.

Religiös teilte sich die Gemeinde in drei Gruppen, eine liberal-jüdische, der Galinski vorstand, eine eher religiös-konservative, national-jüdische um Meyer und eine kleine unabhängig-liberale Richtung. Im Wahlkampf 1950 um die Besetzung des Vorstandes nannte sich Heinz Galinski selbst nur „Geschäftsführendes Vorstandsmitglied der Jüdischen Gemeinde“ und nicht Vorsitzender. Nach der Wahl gab es, obwohl Galinskis Gruppe die meisten Stimmen erhielt, weiterhin keinen Vorsitzenden. Im Juli 1951 bestätigte der Verantwortliche für jüdische Angelegenheiten beim West-Berliner Senat Siegmund Weltlinger, dass Galinski und Meyer die Gemeinde gemeinsam „rechtskräftig vertreten“. Diese aus einer Pattsituation erwachsene Tatsache sollte eine Spaltung der Gemeinde schon 1950 verhindern und ist von der Forschung lange unberücksichtigt geblieben.

Wie konfrontativ bereits zu diesem Zeitpunkt die Auseinandersetzungen waren, verdeutlicht Heinz Galinskis Versuch im Vorfeld der Wahlen, Anfang 1950 die Statuten der Gemeinde zu ändern. Wahlberechtigt zur Repräsentantenversammlung sollte nur sein, wer länger als ein Jahr Gemeindemitglied war. Damit wollte Galinski verhindern, dass etwa polnische Juden, die nur vorübergehend in Berlin lebten, wählen durften. Sie sympathisierten mit Meyers Richtung. Dagegen drohte Meyer mit Austritt seiner Gruppe aus der Gemeinde und der Spaltung derselben, weil er dies für undemokratisch erklärte. Hingegen sollte nach Meyers Auffassung nur an Vorstandswahlen teilnehmen dürfen, wer regelmäßig die Synagoge besuchte. Das sollte Galinskis liberale Gruppe treffen. Meyers Gruppe hatte gegen Galinskis Pläne Demonstrationen

16 Julius Meyer, Israel heute..., in: Der Weg vom 8.4.1949.

organisiert und letztlich wurde der Kompromiss gefunden, wonach Voraussetzung für die Wahlbeteiligung eine dreimonatige Gemeindezugehörigkeit sei. Doch die Episode macht die andauernden Spannungen zwischen beiden auf mehreren Ebenen deutlich.

Galinski trat noch lange nach Ausbruch des Kalten Krieges als Mann des Ausgleichs in Erscheinung, mitunter gemeinsam mit Julius Meyer. Auf der Tagung des Zentralrats der Juden in Deutschland am 7. Oktober 1951 in Hamburg kritisierte Galinski, dass die Zeitung des Zentralrates in letzter Zeit zu weit gehe. Zum Beispiel bei der Berichterstattung über das Verbot des Gesamtdeutschen Rates der VVN in der Bundesrepublik vom 26. Juli 1951, denn *„solche Notizen würden schließlich auch in der DDR gelesen. Des weiteren sei es nicht angängig, Meldungen zu bringen über Judenverfolgungen in Bulgarien und Rumänien."* Galinski monierte zudem, dass auch Probleme des Judentums in Ungarn in die Zeitung kamen. Es bestehe der Verdacht, dass man sich für die eine oder andere Richtung missbrauchen lasse. Das Protokoll gibt distanziert Meyers Unterstützung für Galinskis Haltung wieder: *„Wir brauchen eine gesunde Kritik. Im Osten wäre [schließlich bereits] restlos ideelle Wiedergutmachung geleistet worden."*[17]

Seit 1950/51 fanden immer mehr Gemeindeveranstaltungen in West-Berlin statt, wohin Anfang 1951 auch die Redaktion der Jüdischen Wochenzeitschrift „Der Weg" zog. Heinz Galinski war der Schriftleiter und verfasste nun nahezu jeden Leitartikel. Julius Meyer wurde, wenn überhaupt, nur noch am Rande der Berichte über die Repräsentantenversammlungen erwähnt.

Galinski nutzte die Zeitschrift ausgiebig für seine sich auf die politische Entwicklung der DDR fokussierende Kritik. Dies setzte Meyer als Volkskammerabgeordneten unter Druck.

---

17 Protokoll der Sitzung des Zentralrats der Juden in Deutschland 7.10.1951, in: Zentralarchiv zur Erforschung der Geschichte der Juden in Deutschland Heidelberg, Bestand B.1/7, Akte 857.

Zur Vorstandswahl 1952 haben so prominente Gemeindemitglieder für Meyers Liste unterzeichnet, wie der bekannte Fotograph Abraham Pisarek und der Kantor der Jüdischen Gemeinde Estrongo Nachama. Galinskis Gruppe erhielt erneut die meisten Stimmen, doch gelang es Meyer wieder, die Wahl Galinskis zum alleinigen Vorsitzenden zu verhindern.

Galinski und Meyer wurden für das nächste halbe Jahr erbitterte Kontrahenten um die Führung in der Gemeinde. Meyer beklagte sich gegenüber dem Referenten für jüdische Angelegenheiten beim Senat, Weltlinger, über eine seines Erachtens entstehende „Diktatur der Liberal-Jüdischen Fraktion" in der Gemeinde. Bei der ersten Sitzung der Repräsentanz am 23. Juli 1952 verließen Meyer und Croner für die Liste 1 protestierend den Saal, als Heinz Galinski die Besetzung des Kultus-Dezernates durch seine eigene Fraktion bekannt gab. Aufgrund der Abwesenheit von Meyer und Croner konnte Heinz Galinski erneut nur zum „geschäftsführenden Vorsitzenden" gewählt werden. Weltlinger stellte sich zwar auf Galinskis Seite, erkannte aber, dass Heinz Galinski versuche, *„mit aller Gewalt eine West-Gemeinde aufzuziehen, um in derselben sämtliche Machtpositionen auf sich zu vereinigen"*. Die Juden Ost-Berlins habe er „bereits abgeschrieben". So sei Galinski dabei, einen neuen jüdischen Friedhof in West-Berlin zu schaffen. Nach Weltlingers Ansicht stelle Heinz Galinski die Gruppe Meyers beim Senat nur deswegen als kommunistisch hin, *„um damit die Bestätigung der westjüdischen Gemeinde zu erwirken"*.[18]

Schließlich wurde im August 1952 ein Kompromiss geschlossen, der Galinskis Macht zwar leicht beschnitt, aber die Spaltung der Gemeinde verhinderte, genauer: aufschob. Galinski blieb „geschäftsführendes Vorstandsmitglied" und erhielt die für die Steuerung der Gemeinde wichtigen Dezernate Personal- und allgemeine Verwaltung. Das Kultus-Dezernat

---

18 Bericht Siegmund Weltlinger über die Sitzung der Repräsentanz am 23.7.1952, in: CJA, 5A1, Nr. 62.

teilten sich die konkurrierenden Gruppen. Meyer wurde lediglich Dezernent für offene und geschlossene Fürsorge.

Das zentrale Wiedergutmachungsgesetz in der SBZ, an dem Meyer mitgearbeitet hatte, war endgültig 1949 gescheitert. Das schwächte Meyers Position in der Jüdischen Gemeinde erheblich. Hintergrund der Konflikte im Sommer 1952 war die Novellierung des VdN-Gesetzes in der DDR zur Versorgung von NS-Opfern, bei der es unter anderem zur Benachteiligung von nichtjüdischen Ehepartnern der sogenannten „Sternträger" kam. Es hatte eine Austrittswelle gegeben und zusätzlich verließen viele Juden das Land, sodass in der DDR nur noch knapp 1000 Juden lebten. Auf der Tagung des Landesverbandes der jüdischen Gemeinden der DDR am 15. Juni 1952 in Kleinmachnow sprach Meyer von *„einer außergewöhnlich schwierigen politischen Lage"*. Er berichtete über die Kritik in der DDR an der Zeitschrift „Der Weg", die Heinz Galinski verantwortete. Meyers Volkskammerfraktion vertrat den Standpunkt, dass sich das Gesicht des „Weg" ändern müsse. *„Es darf nichts östliches, nichts westliches, sondern nur jüdisches gebracht werden."* Als ein Problem hierbei bezeichnete Meyer ausdrücklich die Person Heinz Galinski selbst. VVN-Generalsekretär Beyling habe schon das Verbot dieses „Schmutzblattes" gefordert, dessen Vertrieb in der DDR schließlich im Januar 1953 verboten wurde.[19] Meyer und Galinski waren längst offene Gegner geworden.

Noch vor den Auswirkungen des Prager Slansky-Prozesses und des sogenannten Moskauer Ärzte-Prozesses drohte auch die Frage der Restitution der von den Nationalsozialisten enteigneten Vermögenswerte die Gemeinde zu zerreißen. Zu den Rückgabeforderungen der Jüdischen Gemeinde wurde in einem internen Ablehnungsvermerk des Ost-Berliner Magistrats darauf hingewiesen, dass die meisten Vorstandsmitglieder, die die entsprechenden Anträge unterzeichnet hatten, der Liste Heinz Galinskis angehören.

19 Protokoll der Tagung des Landesverbandes der jüdischen Gemeinden der DDR 15.6.1952, in: CJA, 5B1, Nr. 31, Bl. 24–54.

Doch die Ablehnung war grundsätzlicher Natur. Im Dezember 1952 erklärte Meyer vor der Repräsentanz, dass der Ost-Magistrat für die Gemeinde jegliche Subventionen abgelehnt habe. So bliebe die seit langem eingeforderte Rückgabe der Grundstücke die einzige Möglichkeit, die wirtschaftliche Lage der Gemeinde regeln zu können. Er hoffe auf eine baldige Entscheidung. Dies war übertrieben. Meyer wollte Optimismus verbreiten, denn er wusste zu gut, dass bei Ausbleiben der Subventionen im Osten die Einheit der Gemeinde nicht zu erhalten war. Galinski verkündete hingegen, der West-Berliner Senat habe für Oktober bis Dezember je 50.000 DM Subventionen vorab aus der angekündigten Wiedergutmachung an die Gemeinde gezahlt. Dergleichen konnte Meyer nicht vorweisen.

Kampf um Anerkennung

Seit seiner Ankunft in Berlin hat Meyer für die Anerkennung aller jüdischen NS-Opfer als Versorgungsberechtigte gekämpft. Auf Vorschlag der Jüdischen Gemeinde beauftragte ihn im September 1945 der kommunistische Stadtrat Ottomar Geschke mit der Gründung der Abteilung „Opfer der Nürnberger Gesetzgebung“ (OdNG) im Hauptausschuss Opfer des Faschismus beim Magistrat der Stadt Berlin, die Meyer von 1. Oktober 1945 bis Ende 1949 leitete. Die Dienststelle befand sich im Gebäude der Jüdischen Gemeinde in der Oranienburger Straße. Sein Stellvertreter war Heinz Galinski.

Im Mai 1946 standen in der gesamten SBZ 42.000„Opfern“ des Faschismus nur 15.000 „Kämpfer“ gegenüber, eine Einteilung, die noch die KPD-Führung durchgesetzt hatte und gegen die die Jüdische Gemeinde erfolglos Sturm lief. In Berlin waren nur 4600 Kämpfer registriert, jedoch mehr als 10.000 jüdische NS-Opfer. Im September 1946 lobte Heinz Galinski nach einem Jahr Arbeit seinen Vorgesetzten Julius Meyer als den Mann im Hauptausschuss OdF, *„der unermüdlich die Verhandlungen bis zum Schluss führte, der energisch auftrat, wenn es erforderlich war und der auch den Erfolg für sich in Anspruch* *nehmen kann"*, dass nun bereits 11.000 sogenannte „rassisch" Verfolgte vom Hauptausschuss OdF in Berlin betreut werden.[20]

Doch die Stimmung kippte bald und interne Querelen zwischen dem SED-Mitglied Meyer und dem auf politische Neutralität setzenden Galinski drangen im April 1947 erstmals an die Öffentlichkeit. Galinski hatte Meyer auf dem ersten Auschwitz-Treffen in Berlin frontal angegriffen und ihn aufgefordert, qua Amt beim Hauptamt OdF endlich *„die überflüssigen Unterscheidungen zwischen Kämpfern und Opfern zu beseitigen"*. Die Auschwitzer, so Galinski in „Der Weg", seien *„die lebendigen Zeugen dafür, dass sich auch die Juden im Kampf bewährt haben"*. Dass dies ungerecht war, wussten alle Insider. Denn gerade Julius Meyer hatte sich von Anfang an gegen diese Unterscheidung gewendet. An diesem Tag wurde ein vorbereitendes Komitee für eine Auschwitz-Arbeitsgemeinschaft gegründet, dem auch Meyer und Galinski angehörten.

Heinz Galinski ging bald grundsätzlicher auf Distanz zum Hauptamt OdF. Ende Oktober 1947 trat er in einer Sitzung des sozialpolitischen Ausschusses des Berliner Magistrats gegen die Unterstellung des Hauptamtes unter das Sozialamt auf. Es habe den Anschein, *„als ob die Opfer der Barbarei auf der gleichen Stufe ständen wie die beklagenswerten Sozialempfänger"*.[21]

Mit dem Inkrafttreten des Gesetzes über die Sicherstellung der Verfolgten des NS-Regimes in der DDR Ende 1949 schied Meyer aus dem Magistrat aus und widmete sich ab Januar 1950 ganz der Arbeit im Landesverband der Jüdischen Gemeinden in der DDR. Zudem war er für die VVN in die erste Volkskammer eingezogen und gehörte dem Rechtsausschuss an.

Auf dem Höhepunkt der seit 1947 andauernden antisemitischen Welle in Deutschland vollzog Heinz Galinski im

---

20 H.[einz] G.[alinski], Ein Jahr Abteilung Opfer der Nürnberger Gesetzgebung, in: Der Weg vom 20.9.1946

21 He., Um die Stellung des Hauptamtes „Opfer des Faschismus", in: Der Weg vom 31.10.1947.

September 1948 in der aufgeheizten Atmosphäre der Berliner Blockade eine Wende in der Bewertung des deutschen Antisemitismus. Bisher hatte sich die Jüdische Gemeinde auf die Behandlung des Antisemitismus in den Westzonen Deutschlands und den Westsektoren Berlins beschränkt. Galinski nannte nun die im Osten erscheinenden Zeitungen der SED, der Besatzungsmacht sowie der Gewerkschaft und der neu gegründeten Nationaldemokratischen Partei Deutschlands (NDPD) pauschal Fürsprecher der antisemitischen Kreise. Der Ton hatte sich verschärft und Heinz Galinski war zu einem Wortführer geworden.

Im November 1948 wies die Gemeinde empört auf einen antisemitisch verstandenen Beitrag von Anna Seghers, der prominenten kommunistischen Schriftstellerin mit jüdischer Herkunft, in der Kulturbundzeitschrift „Aufbau“ hin. Sie hatte über die Auflösung der jüdischen DP-Lager in West-Berlin sowie deren Insassen geschrieben, dabei nationalsozialistische Begrifflichkeit verwendet und die pauschal des Schwarzhandels verdächtigten jüdischen Flüchtlinge beschimpft. *„Sie hatten, wo sie auftauchten, die Karikaturen der Streicherzeit noch einmal veranschaulicht.“* Diese Juden *„galten als der finsterste Punkt des schwärzesten Marktes. Gewissermaßen sein Herzblut. Ein widerwärtiges, krankes, schwarzes Blut.“*[22]

Die von der sowjetischen Besatzungsmacht und der SED-Führung eingeleitete Integration ehemaliger Wehrmachtsoffiziere und NSDAP-Mitglieder in die ostdeutsche Gesellschaft mittels der neuen Partei NDPD führte 1948 zu starken Spannungen innerhalb der VVN und zu Abwehrreaktionen seitens der Jüdischen Gemeinde. So trugen Heinz Galinski und der Kommunist Walter Bartel vom Vorstand der Berliner VVN persönlich ihren Protest bei der Redaktion der „National-Zeitung“ der NDPD gegen eine öffentliche Geldsammlung für haftentlassene NSDAP-Mitglieder vor. Beide teilten auch dem

22 Anna Seghers, Passagier der Luftbrücke, in: Aufbau, Heft 9/1948, S. 788–791, hier: S. 788.

sowjetischen Stadtkommandanten General Kotikow ihre Besorgnis über das Erscheinen der „National-Zeitung“ und die Gründung der NDPD mit. Kotikow beteuerte, dass er „sein besonderes Augenmerk“ darauf richten werde, dass in der „National-Zeitung“ „keine nationalsozialistischen Tendenzen ... vertreten würden“, berichtete im Juni 1948 „Der Weg“.

Am 14. Oktober 1949 regte Julius Meyer im Vorstand der Jüdischen Gemeinde zu Berlin an, eine Glückwunschadresse an die eben gebildete DDR-Regierung zu übermitteln. Der Vorschlag wurde zunächst sehr kontrovers diskutiert, doch Heinz Galinski trat Meyers Vorschlag schließlich bei. Am 3. März 1950 wurden Meyer, Rabbiner Schwarzschild und der Vorsitzende der Repräsentantenversammlung der Jüdischen Gemeinde zu Berlin Dr. Hans Freund sogar vom Präsidenten der DDR Wilhelm Pieck empfangen. Die Empfangenen hatten das Gefühl, so der Berichterstatter Hans Freund im März 1950 in „Der Weg“, Mitglied der SED wie Meyer, *„dass der Präsident und die Regierung der Deutschen Demokratischen Republik allen Fragen des jüdischen Lebens volles Verständnis entgegenbringen“*. Dies sei jedoch nicht verwunderlich, da die Mehrzahl der Minister Verfolgte des Naziregimes seien. Meyers enge Kontakte zur DDR-Obrigkeit waren Bestandteil der politischen Arbeitsteilung innerhalb der Jüdischen Gemeinde. Die wichtigsten Verbindungen zum West-Berliner Senat wiederum koordinierte Heinz Galinski.

Die fehlende materielle Wiedergutmachung in der DDR führte zu einer weiteren Polarisierung zwischen Galinski und Meyer. So behauptete Julius Meyer im Sommer 1950, dass in Ostberlin angeblich die Rückgabe des Gemeindeeigentums bevorstehe und in der DDR die Regelung der Rentenfrage für alle Juden abgeschlossen sei. Diplomatisch überging er die Frage der Restitution privaten jüdischen Eigentums in der DDR und in Ost-Berlin, die auch später nie erfolgte. Heinz Galinski konnte hingegen berichten, dass beim Wiedergutmachungsamt in West-Berlin bereits 94.000 Anträge eingegangen seien und dass dort ein Entschädigungsgesetz kurz vor der Verabschiedung stehe. Das West-Berliner Gesetz über die Entschädigung der Opfer des Nationalsozialismus trat am 10. Januar 1951 in Kraft. Meyer geriet weiter in die Defensive, als Bundeskanzler Adenauer in der Regierungserklärung am 27. September 1951 erklärte: *„Im Namen des deutschen Volkes sind aber unsagbare Verbrechen begangen worden, die zur moralischen und materiellen Wiedergutmachung verpflichten."* Im Dezember kündigte die Bundesregierung Wiedergutmachungsverhandlungen mit dem Staat Israel an und im September 1952 wurde ein entsprechendes Abkommen unterzeichnet.[23] Solche Erfolge konnte Julius Meyer für die DDR nicht vorweisen.

Beide Kontrahenten können als Multifunktionäre angesehen werden.

Der parteilose Heinz Galinski war seit März 1951 nicht nur als Hauptschriftführer für den Inhalt des „Weg" verantwortlich. Er gehörte dem Vorstand und der Repräsentantenversammlung der Gemeinde an und stand unter anderem dem wichtigen Personalressort vor. Er war viele Jahre beim OdF-Amt angestellt und Stellvertreter Meyers in der Abteilung Opfer der Nürnberger Gesetze. Kurzzeitig trat er als Stellvertreter der Berliner VVN in Erscheinung und vertrat die Gemeinde im neu gebildeten Zentralrat der Juden in Deutschland, deren Vorsitzender er 1954 wurde.

Julius Meyer diente der Gemeinde ebenfalls im Vorstand und in der Repräsentantenversammlung und leitete den Bereich Fürsorge und Spenden. Bis 1949 war er Leiter der Abteilung Opfer der Nürnberger Gesetzgebung im Hauptamt Opfer des Faschismus bei der Ost-Berliner Stadtverwaltung, danach Präsident des Landesverbandes der Jüdischen Gemeinden der DDR, Abgeordneter der Volkskammer, Mitglied im Nationalrat der Nationalen Front, im Demokratischen

23 Zitat nach: Berndt, „Ich weiß, ich bin kein Bequemer...", S. 79. Das Bundesgesetz zur Entschädigung der Opfer der nationalsozialistischen Verfolgung vom 29.6.1956 wurde rückwirkend zum 1.10.1953 verabschiedet.

Frauenbund Deutschland, in der Gesellschaft für Deutsch-Sowjetische Freundschaft, in der FDJ und im FDGB.

Ende 1949 war Meyer Mitgesellschafter des VVN-Verlages geworden, in dem sehr früh zahlreiche Erinnerungsberichte an die nationalsozialistische Verfolgung, auch von jüdischen Opfern, erschienen waren. Das erste Buch war 1949 Bruno Baums „Widerstand in Auschwitz. Bericht der internationalen antifaschistischen Lagerleitung". Baum war als Kommunist selbst jüdischer Herkunft und schrieb darin den Satz: *„Wir standen diesen Massenvergasungen machtlos gegenüber, ja, wir bekamen diese Menschen überhaupt nicht zu sehen."* In der 1961 redigierten Neufassung des Buches fehlt dieser Satz und ist durch kämpferische Perspektiven ersetzt worden.

Konflikte in der VVN

Es war Galinski, der nach nur einem Jahr Mitte 1946 als erster von Seiten der Jüdischen Gemeinde Kritik an der Arbeit des OdF-Ausschusses laut werden ließ. Er sprach im „Weg" offen davon, dass eine politische Vertretung der NS-Opfer, ein „Bund der Verfolgten des Naziregimes" nötig sei für die *„Aufgaben politischer und kultureller Art ..., die vom Hauptausschuss beim Magistrat der Stadt Berlin nicht gelöst werden konnten"*. Es gehe dabei nicht allein um den Kampf gegen die Naziideologie. Galinski sprach deutlich davon, dass *„die bisher erfolgte kümmerliche Wiedergutmachung ... nicht diesen Namen"* verdiene. Die zu schaffende Vereinigung der Verfolgten des Naziregimes (VVN) müsse deutschlandweit „vor allem ... auch den Besatzungsbehörden gegenüber die berechtigten Forderungen der Verfolgten des Naziregimes" vertreten.[24]

Als am 22./23. Februar 1947 in Berlin die VVN für die SBZ gegründet wurde, sind Julius Meyer und Leon Löwenkopf,

24 H.[einz] G.[alinski], Bund der Verfolgten des Naziregimes, in: Der Weg vom 22.11.1946.

Vorsitzende der Jüdischen Gemeinde Dresden, für die jüdischen NS-Opfer in den Zentralvorstand der VVN gewählt worden.

Noch vor der Gründungsversammlung warnte Galinski im Januar 1948 seitens der Jüdischen Gemeinde Berlin öffentlich scharf vor einer politischen Vereinnahmung. *„Die VVN wird solange unsere vollste Unterstützung finden, als sie auf dem ihr vorgeschriebenen Wege mit aller Entschiedenheit weitergeht und strengste Neutralität in allen politischen und religiösen Fragen wahrt"*, schrieb er im Dezember in „Der Weg". Er ließ sich aber zum stellvertretenden Vorsitzenden der Berliner VVN wählen. Die Jüdische Gemeinde Berlin stellte mit acht von 15 Vorstandsmitgliedern die Mehrheit.

Nachdem Anfang 1948 der SPD-Vorstand die gleichzeitige Mitgliedschaft in der VVN und in der SPD für unvereinbar erklärte, sahen sich Meyer und Heinz Galinski in ihrem Kampf geschwächt, da gerade sie mit der Gründung der VVN Hoffnungen auf eine politische Durchsetzung der jüdischen Restitutionsforderungen verbanden. Die behauptete Überparteilichkeit jedoch wurde von der SPD bestritten. Mit dieser Entscheidung überließ die SPD in Wirklichkeit der SED allen politischen Einfluss auf die VVN. Galinski bedauerte im Februar 1948 in „Weg" die Entscheidung öffentlich und lehnte entschieden den Vorwurf der SPD ab, die VVN sei nicht überparteilich. Er argumentierte, dass von 50.000 in Berlin anerkannten Opfern des Faschismus nur 9000 politische seien. *„Wir rassisch Verfolgten gehören als Gesamtheit überhaupt keiner Partei an."* Und er hielt den Parteien und damit auch der SPD entgegen, die VVN wäre nicht notwendig gewesen, wenn sich die Parteien für die politischen Forderungen der verfolgten Juden eingesetzt hätten. Er wünschte, die SPD würde den Entschluss zurücknehmen, *„denn er trennt die zu ihrer Partei gehörigen Mitglieder von ihren alten Kampfgenossen"*.[25] Empfindlich

25 H.[einz] G.[alinski], Die Parteien und die VVN, in: Der Weg vom 9.1.1948.

reagierte Galinski auf den in der Münchener jüdischen Zeitschrift „Neue Welt“ im Februar 1948 geäußerten Vorwurf, der Eintritt von Juden in die VVN sei mit dem Eintritt von Nichtnazis nach 1933 in die NSDAP vergleichbar. Er nannte das „böswillig konstruiert“. *„Wenn aus dem Kreis der Verfolgten selbst gegen eine solche Organisation [wie die VVN] gekämpft wird, lachen sich die Nazis ins Fäustchen.“*

Heinz Galinski behauptete die Überparteilichkeit auch noch nach dem Austritt der hochangesehenen Repräsentantin der Berliner Gemeinde Jeanette Wolff aus der VVN im Juni 1948, mit der ihn viel verband. Erich Mendelsohn, Generalsekretär der Jüdischen Gemeinde zu Berlin, kritisierte Heinz Galinski wiederum scharf für sein anhaltendes Engagement in der Berliner VVN. Als auch das prominente Mitglied der Jüdischen Gemeinde München Philipp Auerbach dem Druck der SPD-Führung nachgab und aus der VVN austrat, geriet Heinz Galinski in eine schwierige Situation, obwohl er selbst nicht der SPD angehörte. Gemeinsam mit dem Gemeindevorsitzenden Fabian erklärte er am 15. Juni 1948, dass der Rücktritt der beiden prominenten jüdischen Vertreter ein Fehler sei. Sie würden, so Fabian und Galinski im Juni 1948 in „Der Weg“, sich *„stets dagegen wehren, dass der Kampf der Parteien und Weltanschauungen in die Arbeit der VVN hineingetragen und die Einheit dieses Kampfes zerrissen wird.“*

Am 25. November 1948 empfahl aber die Repräsentantenversammlung den Gemeindefunktionären größte Zurückhaltung bei der Ausübung etwaiger nichtjüdischer politischer Funktionen. Kurz darauf trat Heinz Galinski überraschend von seinen Ämtern in der Berliner VVN und im gesamtdeutschen Rat der VVN zurück. Das war die kurze Episode für Heinz Galinski als Funktionär in der VVN, aus der er 1950 ganz austrat. Nun blieben von der Jüdischen Gemeinde nur noch Fritz Katten und Dr. Hans Freund im Vorstand der Berliner VVN. Auch Julius Meyer gab keines seiner Ämter außerhalb der Gemeinde auf. Alle drei waren Mitglieder der SED. Seit Herbst 1948 leitete Meyer gemeinsam mit Bruno Baum und Jonny Hüttner,

Überlebender von Sachsenhausen und Auschwitz, das Auschwitz-Komitee der VVN.

Auch bei dem im Dezember 1946 in Leipzig gegründeten Landesverband der Jüdischen Gemeinden in der SBZ agierten Meyer und Galinski noch einige Zeit gemeinsam für die Berliner Gemeinde. Meyer war bis zu seiner Flucht Anfang 1953 Präsident des Landesverbandes. Neben anderen Aufgaben sollte mittels des Verbandes die Versorgung der 1400 in der SBZ lebenden Juden durch den Joint abgesichert werden.

Mitte März 1948 bildete der Vorstand des Landesverbandes eine Wiedergutmachungskommission und wollte wegen der offenen Wiedergutmachungsfrage auch beim Chef der SMAD Marschall Sokolowski vorsprechen. Mitte Juni 1948 gründete der Landesverband in Anwesenheit von Leo Zuckermann vom ZK der SED sogar eine Palästina-Kommission, die den Vertreter Israels in Deutschland bei Auswanderungsfragen beraten sollte.

Größere Wirkungsmöglichkeiten für die jüdischen Gemeinden in ganz Deutschland eröffneten sich für Heinz Galinski im Juli 1950 durch die Gründung des Zentralrats der Juden in Deutschland. Er verteidigte dort auf einer Sitzung am 17. September 1950 vehement die Mitgliedschaft der DDR-Gemeinden. Wenn sie nicht vertreten seien, werde *„auch die Berliner Gemeinde nicht mitarbeiten können"*. Andere Stimmen waren dagegen, da die Vertreter aus der DDR hierdurch „Schwierigkeiten bei ihrer eigenen Regierung" bekommen könnten. Es wurde beschlossen, dass je ein DDR-Vertreter im Direktorium sowie im Rat vertreten sein solle. Mitte Oktober 1950 wurde Julius Meyer in München als Vertreter der Jüdischen Gemeinden der DDR und Heinz Galinski als Vertreter Berlins in das Direktorium des Zentralrats der Juden Deutschlands gewählt.

In der SBZ war Julius Meyer bis zu den ersten Konflikten innerhalb der VVN der unbestrittene Protagonist für das Gedenken an die jüdischen Holocaust-Opfer. Erst als ab 1950 die SED die großen jährlichen OdF-Veranstaltungen in Berlin zur Parteinahme im Kalten Krieg zu instrumentalisieren begann, trat Heinz Galinski stärker in den Vordergrund. Die jährlich vom Hauptausschuss OdF organisierte Demonstration im Berliner Lustgarten verlief 1950 erstmals ohne Bezug auf die jüdischen NS-Opfer. Heinz Galinski erläuterte in der Synagoge Pestalozzistraße die Gründe.

> *„Wir haben bewusst diese Feierstunde in unsere Synagogen verlegt, um zu verhindern, dass unsere Toten auf anderen Kundgebungen für politische Zwecke missbraucht werden. ... Es wird so viel geredet, aber so wenig getan. Während man sich um die Gunst der Nazis reißt, fehlt eine ernste und gewissenhafte Stellungnahme gegenüber den Ansprüchen der Verfolgten des Nationalsozialismus völlig in den Programmen und Erklärungen der Parteien.“*[26]

1951 fand erstmals keine zentrale OdF-Veranstaltung in Berlin statt. Dafür wurden im Stadtbezirk Wilmersdorf und im ehemaligen Zuchthaus Plötzensee Grundsteine für Mahnmale gelegt. Julius Meyer enthüllte auf dem Jüdischen Friedhof Weißensee ein Mahnmal der Gemeinde für die Opfer der jüdischen Widerstandsgruppe um Herbert Baum. Baums Asche wurde beigesetzt und die Lothringenstraße in Herbert-Baum-Straße umbenannt. Für diese Ehrung hatte sich Meyer zusammen mit Richard Holzer, über den Regina Scheer in diesem Band berichtet, besonders engagiert.

Der später, besonders von Galinski gegen Meyer vorgebrachte Vorwurf, er habe in der Gemeinde und in der VVN SED-Politik vertreten, lässt sich anhand des heute bekannten Archivmaterials nicht bestätigen.

So protestierte Meyer im Oktober 1950 in einem Schreiben an den Reclam-Verlag Leipzig gegen die gerade erschienene

26 Aus Heinz Galinskis Rede, in: Der Weg vom 29.9.1950.

Neuausgabe von Karl Marx' Schrift „Zur Judenfrage" mit der Bemerkung, *„ob dieser Auszug so kurze Zeit nach der furchtbaren Judenverfolgung der letzten Jahre nicht Anlass zu Missdeutungen geben könnte"*. Gemeint waren die Zeilen: *„Welches ist der weltliche Grund des Judentums? Das praktische Bedürfnis, der Eigennutz. Welches ist der weltliche Kultus der Juden? Der Schacher. Welches ist sein weltlicher Gott? Das Geld."* Meyer kritisierte: *„Es dient bestimmt nicht der so notwendigen Bekämpfung des Antisemitismus, wenn ohne jede Kritik solche Auszüge veröffentlicht werden."* Eine Antwort an Meyer ist nicht überliefert.

Am 4. November 1951 sprach er in der Dresdner Synagoge und behauptete nicht zu unrecht, dass in der BRD *„an maßgebenden Stellen 68 % aller Behördenangestellten ehemalige Nazis sind, was in der DDR keineswegs der Fall ist"*.[27] Hatte Galinski lange Zeit eben dies der Bundesrepublik vorgeworfen, so rückte in der Phase der Zuspitzung des Kalten Kriegs der DDR-Umgang mit dem Judentum für ihn in den Vordergrund.

Die Flucht Julius Meyers nach West-Berlin und aus Deutschland

Bald nach den dramatischen Vorfällen um die Vorstandswahl Mitte 1952 überschlugen sich die Ereignisse für Julius Meyer. Er nahm noch am 3. Januar 1953 an den Feierlichkeiten zum 77. Geburtstag des Präsidenten der DDR Wilhelm Pieck in Berlin teil. Im Namen der Jüdischen Gemeinde zu Berlin gratulierte er mit den Worten: *„Wir grüßen in Ihnen einen der ersten Vorkämpfer gegen Faschismus und Rassenhetze. Wir wissen, dass Ihre Person uns die Gewähr dafür bietet, dass in dem von Ihnen geleiteten Staat ein neuer Antisemitismus niemals sich wird ausbreiten können."*[28] Am nächsten Tag

27 Manuskript der Rede von Julius Meyer in der Synagoge Dresden 4.11.1951, CJA, 5B1, Nr. 3, Bl. 122, Nr. 50, Bl. 60.

28 Grußwort Julius Meyer 3.1.1953, in: CJA 5B1, Nr. 11, Bl. 4.

druckte das SED-Zentralorgan Neues Deutschland die antisemitisch konnotierten „Lehren aus dem Prozeß gegen das Verschwörerzentrum Slansky". Darin wurden Paul Merker und Leo Zuckermann wegen ihrer Unterstützung für die jüdischen Wiedergutmachungsforderungen als „Zionisten" beschimpft. Mit ihnen gemeinsam hatte Meyer 1948/49 an dem gescheiterten Wiedergutmachungsgesetz gearbeitet, das ursprünglich auch die jüdischen Forderungen berücksichtigen sollte. Zugleich wurde der Joint, dessen Verbindungsmann für Berlin und die DDR Meyer war, als eine westliche Geheimdienstagentur bezeichnet. Die Besatzungsmacht verhörte Meyer mehrere Stunden zu seinen Joint-Kontakten.

Nach einem weiteren inquisitorischen Verhör in der ZPKK der SED am 6. Januar 1953 mit dem Abteilungsleiter Günther Tenner traf sich Meyer am selben Tag im jüdischen Krankenhaus mit den Vorstandsmitgliedern Galinski und Hermann Hirschberg, dem Verwaltungsdirektor des Krankenhauses Hermann Doeblin, dem Referenten für jüdische Angelegenheiten bei der DDR-Regierung Albert Hirsch und mit Rabbiner Nathan Peter Lewinson. Es wurde verabredet, noch eine Woche mit der Flucht der Gemeindevorstände aus der DDR zu warten, bis Meyer alle Gemeindevorsitzenden informiert habe. Keineswegs hat Galinski, wie der SPIEGEL 2013 behauptete, an diesem Tag mit Meyer einen „Evakuierungsplan für die Juden in der DDR" erarbeitet. Denn er war ein Gegner der Massenflucht in den Westen.[29]

Um die Flucht der Gemeindevorstände in der DDR vorzubereiten, traf sich Meyer am 7. Januar nochmals mit Vorstandsmitgliedern der Berliner Gemeinde in West-Berlin. Für den 13./14. Januar wurde als Vorwand zur legalen Ausreise aus der DDR eine Tagung des Landesverbandes der Jüdischen Gemeinden nach West-Berlin verlegt. Von dieser fingierten Tagung kehrte kein Gemeindefunktionär in die DDR zurück, auch

29 Wolfgang Brenner, Flucht aus dem besseren Deutschland, In: Spiegel vom 15.02.2013

Meyer nicht. Der MfS-Verhaftungsplan gegen ihn war nun undurchführbar.

Auf einer Pressekonferenz am 14. Januar in West-Berlin, die Galinski zu verhindern versucht hatte, rief Rabbiner Levinson die Juden der DDR zur Flucht auf. Meyer gab eine realistische Einschätzung der Hintergründe und nannte vier politische Gründe für den Antisemitismus der DDR: Sympathiewerbung unter den arabischen Staaten, Auflösung der Kontakte zu Glaubensbrüdern im Westen, Suche nach Sündenböcken für die inneren Probleme sowie Walter Ulbrichts Meinung, die Juden folgten nicht den Politbürobeschlüssen.

Erst am 15. Januar verurteilte auch Heinz Galinski den Antisemitismus in der DDR und sagte gleichfalls allen Juden aus der DDR Aufnahme in West-Berlin zu. Nun erhielten auch alle Angestellten der Jüdischen Gemeinde ein *„Schreiben vom Personalleiter der Jüdischen Gemeinde in Westberlin, in dem sie aufgefordert wurden, ebenfalls nach Westberlin zu kommen“*. Personalleiter der Gemeinde war Heinz Galinski.[30]

Spätestens bis zum 16. Januar 1953 flohen mit einer Ausnahme alle in Ostberlin lebenden Mitglieder der Repräsentanz der Jüdischen Gemeinde und sämtliche leitende Angestellte, mit Ausnahme von Rabbiner Martin Riesenburger, nach West-Berlin. Damit war die Gemeinde endgültig zerrissen.

Am selben Tag wurde im MfS-Untersuchungsgefängnis Berlin-Hohenschönhausen das ehemalige Mitglied der SED-Führung Paul Merker über Julius Meyer verhört. Er lobte jedoch Meyers Arbeit für die jüdische Sache. Merker wiederholte auch seine bereits vor 1945 vertretene Position, die ihn 1952 ins DDR-Gefängnis gebracht hatte, nämlich *„daß den Juden, denen [von den Nazis] Wohnungen, Einfamilienhäuser oder Läden, Werkstätten enteignet wurden, dieses ehemalige Eigentum zurückgegeben wird.“*[31] Davon hat Meyer nie etwas erfahren.

30 BStU, MfS, IG AOG 11843/64, Bd. 1, Bl. 149.

31 Vernehmungsprotokoll Paul Merker 16.1.1953, in: BStU, MfS, AU 192/56, Bd. 2, Bl. 52–53.

Auf die nun folgende Flucht von mehr als 600 weiteren Juden aus der DDR ab dem 19. Januar kann hier nicht näher eingegangen werden. Hingegen soll Meyers weiteres Schicksal und Galinskis Verhalten nach der Flucht kurz vorgestellt werden.

Vor dem 20. Januar 1953 hat Meyer beim britischen Kommandanten um Aufenthaltsgenehmigung gebeten. Dort erwarteten ihn jedoch Presse-Reporter. Er sollte über seine Arbeit in der Volkskammer der DDR berichte, was er jedoch ablehnte. Daraufhin wurde ihm der Zuzug verweigert und er zum französischen Kommandanten geschickt. Erst am 21. Januar beantragte Meyer mit dem Notaufnahmeverfahren beim Senat offiziell seinen Zuzug. An Abend desselben Tages wurde in der Repräsentantenversammlung in Abwesenheit Meyers hart über seinen Fall diskutiert. Der Repräsentant Goldberg von Meyers Wahlliste sagte laut Protokoll: *„Herr Galinski hätte die Brücken abgebrochen. ... [und] dass Herr Galinski seit der [Gemeinde-]Wahl immer gegen den Osten gesprochen hätte.“* Leo Witkowski aus der Galinski-Gruppe sagte über Meyer,

> *„er wundere sich nur, daß noch keiner über den Schatten gesprochen hat, der über der Verwaltung im Osten und auch im Westen gestanden habe, von diesem kleinen Mann, der heute nicht erwähnt wird, der kleine Mann, der die Geschicke drüben lenkte, derselbe Mann, der ein führender Funktionär der SED und gleichzeitig ein führender Funktionär der Gemeinde ist ...“*

Herr Galinski jedenfalls habe *„niemals mit einer Spaltung gedroht“*. Er wisse aber, *„daß Julius Meyer mit einer Spaltung gedroht hat. Wir haben uns vieles von Julius Meyer gefallen lassen, weil wir die Spaltung nicht wollten.“* Heinz Galinski sagte hierzu: *„Oft genug ist gewarnt worden, Herrn Julius Meyer durch seine Exponiertheit in der Politik nicht in den Vorstand zu schicken.“* Fritz Croner von der Meyer-Wahlliste erwiderte: *„Er gäbe auch Herrn Julius Meyer keine Schuld, daß er es drüben* *nicht mit der Wiedergutmachung geschafft habe, er hätte nur zuviel versprochen.“* Meyer werde jedoch sein Mandat ruhen lassen, *„solange er nicht seine politische Anerkennung habe.“* Die Repräsentanz beschloss, dass Meyer innerhalb von fünf Tagen seinen Rücktritt erklären solle.[32]

Um sich gegen die westlichen Angriffe verteidigen zu können, organisierte Meyer am 23. Januar eine eigene Pressekonferenz in West-Berlin. Er sagte dort: *„Es gibt keinen Antisemitismus im deutschen Volk. Es gibt nur einen Antisemitismus in der SED, der aus hochpolitischen Gründen von Moskau gesteuert wird.“* Dennoch sei dieser Antisemitismus nicht mit dem Hitlers vergleichbar, der die Juden als „Rasse“ verfolgt habe. *„Moskau und die SED-Führung hingegen verfolgen uns aus rein hochpolitischen Gründen“*, zitierte ihn die „Neue Zeitung“ am 24. Januar 1953. Meyer erklärte, dass vor allem jene Juden gefährdet seien, die sowohl „aktive Kommunisten als auch aktive Juden“ sind.[33]

Neben vielen Anderen nahm auch der Vorsitzende des Zentralrats der Juden in Deutschland Hendrik G. van Dam positiv für Meyer Stellung und forderte ihn auf, wegen der Gefahren für ihn in Berlin sofort nach seiner Anerkennung als politischer Flüchtling nach Westdeutschland zu gehen. Zu beidem kam es aber nicht.

Heinz Galinski jedoch gab am 27. Januar auf einer Tagung des Zentralrats der Juden Julius Meyer die Schuld an der entstandenen Situation.

> *„Es wäre aber alles nicht so schlimm gewesen, wenn wir nicht durch die Person des Julius Meyer so im Mittelpunkt des Geschehens stehen würden. ... Der Höhepunkt wurde erreicht als Julius Meyer und andere führende Persönlichkeiten sich an einem Tage nach Berlin absetzten. In*

32 Protokoll der Sitzung der Repräsentantenversammlung der Jüdischen Gemeinde zu Berlin 21.1.1953, in: LArch Berlin, B Rep. 002–11, Nr. 6845.

33 Timm, Hammer, S. 125.

demselben Moment waren die jüdischen Gemeinden der Ostzone und Ostberlins führerlos."

Nur das Mitglied des Zentralrates Warscher stellte hierzu eine Frage: *„Ich möchte von Herrn Galinski folgendes hören: Was wäre mit den jüdischen Funktionären geschehen, wenn sie in der Ostzone geblieben wären?"*[34] Eine Diskussion hierüber ist nicht protokolliert.

Meyer trat daraufhin als Vorstandsmitglied zurück, nahm aber weiter an den Repräsentantenversammlungen teil.

Am 2. Februar bestätigte der israelische Konsul Elihau K. Livneh, daß Meyer „oft unter eigenem Risiko alles tat", um jüdische Flüchtlinge aus Osteuropa zu retten. Er wurde dennoch in West-Berlin nie als politischer Flüchtling anerkannt.[35] Obwohl Heinz Galinski stolz in den Gremien der Jüdischen Gemeinde verkündet hatte, dass er mit Berlins Senator für Sozialwesen Otto Friedrich Bach eine Festlegung getroffen habe, wonach die jüdischen Flüchtlinge aus Osteuropa und der DDR den Status von politischen Flüchtlingen erhielten und somit die Erlaubnis zum Zuzug nach West-Berlin. Für Meyers Nichtanerkennung sorgten neben der Untätigkeit der Jüdischen Gemeinde auch Stellungnahmen der vom amerikanischen Geheimdienst finanzierten antikommunistischen Kampfgruppe gegen Unmenschlichkeit mit unverkennbar antisemitischen Tönen. Meyer galt der von ehemaligen in der SBZ internierten kleinen Nazi-Funktionären gegründeten Organisation als ein „von den Alliierten zu Unrecht ‚befreite[r]' [...] gewöhnliche[r] Kriminelle[r]".[36]

Nach seiner Flucht aus der DDR lebte Julius Meyer mit seiner Familie in einem Flüchtlingsheim am Wannsee. Kurz nach

34 Protokoll der Sitzung des Zentralrats der Juden in Deutschland 27.1.1953, in: Zentralarchiv zur Erforschung der Geschichte der Juden in Deutschland, Heidelberg, B.1/7, 221.32.

35 Bestätigung des israelischen Konsuls Elihau K. Livneh 2.2.1953, in: Entschädigungsakte Julius Meyer Nr. 347149, Bl. C 23, Landesentschädigungsamt Berlin.

36 Allen, Keith R.: Befragung, Überprüfung, Kontrolle. Die Aufnahme von DDR-Flüchtlingen in West-Berlin bis 1961, Berlin 2013, S. 84.

den blutigen Unruhen in der DDR am 17. Juni 1953 zogen dort neue Flüchtlinge ein und an die Zimmertüren von Meyer und anderen geflohenen Juden wurden Hakenkreuze gemalt.[37]

Bis Mai 1953 ermittelte die Generalstaatsanwaltschaft West-Berlin in zwei Verfahren gegen Julius Meyer, zum einen wegen Bedrohung und Nötigung, zum anderen wegen Verstoßes gegen das „Gesetz zum Schutz der Freiheit". Es war seine dritte Verfolgung nach der unter den Nazis und in der DDR kurz vor seiner Flucht. Beide Verfahren wegen seiner früheren Funktionen in der DDR wurden ergebnislos eingestellt.

Das tatsächliche Wirken Meyer, das Heinz Galinski genau kannte, und das Bild von ihm im Westen, konnten nicht weiter auseinanderklaffen.

Meyer legte Beschwerde gegen die Nichtanerkennung als politischer Flüchtling ein und erklärte im Bundesnotaufnahmeverfahren, nur durch seine Mitgliedschaft in der SED und der VVN sei es möglich gewesen, etwa *„4.000 Juden aus dem Osten illegal über Ost-Berlin nach Westberlin"* zu schleusen. Er sei jedoch nicht aus eigenen Interessen im Dezember 1945 in die KPD eingetreten, sondern, *„ausgegangen sei dieser Entschluss von einer Zusammenkunft des Joint und sämtlicher jüdischer Organisationen ... im November 1945"*. Als die VVN 1948 ihren überparteilichen Charakter verloren hatte, *„sei es ihm allerdings unmöglich gewesen, ihr den Rücken zu kehren, ohne dabei seine Arbeit und seine Glaubensgenossen zu gefährden"*.[38] Erst am 12. Oktober 1953 erhielt er das Recht auf unbefristeten Zuzug nach West-Berlin. Dies bedeutete allerdings keine Anerkennung als politischer Flüchtling.

Es wurde eine andere Lösung gefunden, an der auch der Vorstand der West-Berliner jüdischen Gemeinde beteiligt war. Auf der Repräsentantenversammlung am 16. Dezember

---

37 Martin Friedländer, Interview mit Regina Scheer, 1992. Friedländer war wie Meyer als Jude aus der DDR geflüchtet und verließ kurz nach diesen Vorfällen noch im Juni 1953 das Heim am West-Berliner Wannsee. Ich danke Regina Scheer für diese Mitteilung.

38 Vermerk 21.7.1953 und Aktennotiz 25.6.1953 aus dem Bundesnotaufnahmeverfahren Julius Meyer, in: BStU, MfS, HA XX/4, Nr. 2034, Bl. 73–76.

1953 gab Heinz Galinski die Genehmigung des Senats zur Auswanderung Meyers bekannt, die „aus anständigen Motiven" erfolge, ohne konkreter zu werden. Und, wie er sagte, in der auch die Gemeinde die Lösung des Problems Julius Meyer sehe. Am 14. Januar 1954, ein Jahr nach seiner Flucht aus der DDR, verließ Meyer mit seiner Frau und seiner knapp achtjährigen Tochter unfreiwillig West-Berlin. Er emigrierte nach Sao Paulo, wohin in den 1930er Jahren seine Familie vor den Nazis fliehen musste und fing ein neues Leben als Lebensmittelhändler an. In Sao Paulo lebte Meyer nach eigenen Angaben *„zurückgezogen von jeder gesellschaftlichen und politischen Tätigkeit"*.[39]

Heinz Galinski wurde erst mit der Gemeindewahl 1955 formal Vorsitzender der Jüdischen Gemeinde in West-Berlin und blieb es bis zu seinem Tod 1992. Er erwähnte Meyer zeitlebens nicht mehr.

Sämtliche Entschädigungsanträge von Julius Meyer aufgrund seiner Verfolgung im Holocaust sind von West-Berliner Gerichten und letztinstanzlich vom Bundesgerichtshof im Mai 1981 mit der aberwitzigen Begründung abgewiesen worden, er habe am *„Kampf um die Machtbehauptung und Machterweiterung des Herrschaftssystems der SED auf das Gebiet der Bundesrepublik einschließlich Westberlins"* teilgenommen.[40]

Selbst der Joint, die Jewish Agency, führende israelische Historiker, ja sogar der israelische Konsul Eliahu K. Livneh hatten sich für ihn eingesetzt, ohne jedoch die West-Berliner Bürokratie nur im Geringsten zu beeindrucken. So wie es für ihn als Jude ab 1933 bei der beginnenden rassistischen Repression und 1943 vor seiner Deportation keine Gnade gab, so wusch nach 1953 keine jüdische Fürsprache den Makel ab,

---

39 Undatierter Lebenslauf von Julius Meyer, um 1958, Entschädigungsakte Julius Meyer Nr. 347149, Bl. M 5-6, Landesentschädigungsamt Berlin.

40 Korrespondenzen zu den Entschädigungsanträgen von Julius Meyer 1953 bis 1981, in: Entschädigungsakte Julius Meyer Nr. 347149, Bl. M 12, Bl. M 1, Bl. M 5f, Bl. C 6, Bl. C 7f., Bl. M 15, Bl. M 32, Bl. M 53 und 78, Bl. M 83–87, Landesentschädigungsamt Berlin.

der SED und der Volkskammer der DDR angehört zu haben. Von Heinz Galinski ist kein Wort zu seiner Verteidigung überliefert. Meyer hat sich auch nicht um Hilfe an ihn gewendet. Die Westberliner Entschädigungsgesetzgebung, die Galinski maßgeblich mit vorangebracht hatte, kannte keine Ausnahmen für Menschen, deren Mitgliedschaft in der SED oder in staatlichen Gremien sie so pauschal und wirklichkeitsfern als Vorschub eines Terrorregimes wertete.

Julius Meyer hat dieses letzte Unrechts-Urteil nicht mehr erlebt. Er starb am 2. Dezember 1979 in Sao Paulo.

EIKE KÜSTNER

Getäuschte Hoffnungen

Vom Neubeginn der jüdischen Gemeinden in Thüringen nach 1945

Ein in den Akten der Landesgemeinde gefundener Reisebericht des jüdischen Journalisten Alfred Joachim Fischer „Die Juden in der sowjetischen Zone“[1] ist weder datiert noch mit einem Veröffentlichungshinweis versehen:

> *„In Leipzig, Chemnitz und Erfurt (...) beobachtete ich die guten (...) Beziehungen zwischen Offizieren der Besatzungsmacht und führenden Juden. Während im Jahr 1945 die zionistische Tätigkeit (...) verboten war, darf sich nun der Zionismus frei entwickeln und es werden auf dem Gebiet der Auswanderung keine Schwierigkeiten gemacht. (...) Der Kontakt zwischen Juden und Deutschen ist in den sowjetischen Gebieten augenscheinlicher als in westlichen Zonen. Der Grund hierfür ist, dass fast alle führenden Stellungen in Ostdeutschland von ehemaligen Insassen der Konzentrationslager besetzt sind und die gemeinsamen Leiden psychologische Brücken geschlagen haben. (...) Die Erfurter Gemeinde (...) ist die größte in Thüringen mit 160 Personen, einschließlich der Überreste der Breslauer Gemeinde. (...) Nicht ohne Grund wird die Erfurter jüdische Gemeinde als eine der besten in Deutschland betrachtet.*

1 JLGTh, Akte F, Bl. 375 – 377

Ihre religiöse, kulturelle und soziale Tätigkeit ist gut organisiert und die Gemeinde stößt bei ihren Verhandlungen mit deutschen Behörden auf keine Schwierigkeiten. (...)"

Fischer spricht viele Themen an, die diese Untersuchung bestimmen: Soziale Lage, Integration in die Machtapparate, Aufarbeitung der Vergangenheit, Rückerstattungsansprüche. Für die vorliegende – bisher nicht abgeschlossene – Annäherung an die Gemeinde-Geschichte zwischen 1945 und 1953 sind die in Heidelberg[2] verwahrten Akten der Landesgemeinde, die Akten der Korrespondenzen in der Gemeinde[3], das Stadtarchiv Erfurt und Interviews mit Zeitzeugen die Arbeitsgrundlage.

Neubeginn in Thüringen

Am Anfang des Neubeginns steht ein Brief: Am 31. Mai 1945 verfasste der Erfurter Karl Herder einen Brief an den Ersten Bürgermeister der Stadt[4], er möge sich bei der amerikanischen Besatzungsmacht dafür verwenden, dass die Stadt die „verschleppten Mitbürger" aus Theresienstadt abhole. Unterschrieben wurde dieser Brief vom Verfasser sowie anderen Erfurtern, die ihre Angehörigen in Theresienstadt wussten. Wenige Mitglieder der Vorkriegsgemeinde kehrten zurück, aus Theresienstadt waren es beispielsweise Hannelore und Ruth Cars[5] sowie ihr Vater Max, die das Bild der Nachkriegsgemeinde entscheidend mitprägen sollten.

In Thüringen ist nach 1945 – als einzige Region in der SBZ – ein größerer Zustrom von jüdischen Zuwanderern aus Schlesien zu verzeichnen . Dass in Thüringen auch Rückkehrer aus Shanghai waren, zeigt ein Dokument des Kreisrates von

2 Zentralarchiv zur Erforschung der Geschichte der Juden in Deutschland Heidelberg
3 Korrespondenzen Jüdische Landesgemeinde Thüringen (JLGTh)
4 Stadtarchiv Erfurt (StAE), Bestand 5/9
5 R. C. arbeitete in der Gemeinde und bewältigte Unmengen von Suchanfragen.

Eisenach. Dieser schrieb Dezember 1947 an den Vorsitzenden der Jüdischen Gemeinde Eisenach Walter Cappel, dass für die 78 Rückwanderer aus Shanghai, welche im Quarantänelager 32 Wutha untergebracht waren, zu viele Lebensmittel ausgegeben wurden. Es handelte sich um große Mengen (12.150 kg Fleisch, 3.660 kg Butter; 65.400 kg Brot; 45.300 kg Kartoffeln; 5.000 kg Roggenmehl), allerdings ist der Zeitraum nicht ersichtlich. Günther Singer, der Landesvorsitzende, habe sich zu einer Rückgabe verpflichtet und sei dem nicht nachgekommen.[6] Namentlich bekannte Heimkehrer aus Shanghai waren 1947 z. B. Curt, Jenny und Erich Goldschmidt in Nordhausen.[7]

An seine Fahrt von Breslau nach Erfurt im September 1945 erinnerte sich Wolfgang Nossen 2013[8]. Die Reise mit zwei Bussen dauerte seiner Erinnerung nach vom 10. – 12. 9. und fand in Erfurt ein vorläufiges Ende. Hier wurden die Familien im Hotel untergebracht und anschließend in verschiedene Thüringer Orte verteilt. Familie Nossen beispielsweise übernahm ein Geschäft in Weißensee.

Friedericke Weniger[9] kam am 18. 11. 1945 von Breslau nach Thüringen und beklagte, ihr sei versprochen worden, dass sie in Erfurt Wohnung und Arbeit erwarte. Hingegen wurden sie und ihr Ehemann nach zwei Tagen im Flüchtlingslager nach Küllstedt gebracht, wo es keine Arbeitsmöglichkeiten gäbe. Der Transport habe 2000 RM gekostet. Auch im Dezember gab es noch mindestens einen Treck aus Breslau, der direkt nach Mühlhausen geleitet wurde. Viele der Breslauer Juden wurden im ländlichen Raum verteilt. Transporte aus Breslau wurden in das „Borsig-Lager“, ein ehemaliges Fremdarbeiterlager nahe Mühlhausen, geleitet. Dezember 1945 bekam das „Jüdische Komitee“ einen Brief vom Verwaltungsstab für Umsiedler des

6 ZA B 1/38, 397
7 JLGTh, Akte Go, Bl. 256f.
8 Unveröffentlichtes Interview 2013
9 JLGTh, Akte W, Bl. 274 f.

Erfurter Oberbürgermeisters mit einer Abrechnung „über den jüdischen Transport, der einige Tage in diesem Lager untergebracht war“ [10]. Es handelte sich um eine Liste mit 78 Namen von Personen des Transportes Nr. 10, welche die Kosten für Registrierung, Ausstellung von Ostausweisen und Verpflegung nicht entrichtet hätten. Übereinstimmungen zu späteren Gemeindelisten ergaben sich nicht. Die eingeforderten Kosten von 518, 90 RM beglich die Gemeinde.

Die sich in Erfurt gründende Gemeinde bekam Räume am Anger 30/32 zur Verfügung gestellt. Für besondere Feierlichkeiten mietete man Säle an. Am 9. Oktober 1945 meldete die Synagogengemeinde dem Erfurter Polizeipräsidenten ihre Gründung. Zu diesem Zeitpunkt war der 1. Vorsitzende Max Cars, sein Stellvertreter Erich Tausk.[11]

Wenig später, am 15. April 1946, informierte der Vorstand der Gemeinde Erfurt den Eisenacher Rechtsanwalt Georg Pracht über ihren Gründungsprozess. Pracht sollte die Eisenacher Gemeinde gründen und als ihr vorläufiger Leiter fungieren.:

> *„Wir haben vor ca. einem halben Jahr die Anerkennung der Synagogengemeinde Erfurt als Körperschaft öffentlichen Rechts bei der Landesregierung beantragt. Von dort aus wurde dieser Antrag an die hiesige Stadtverwaltung weitergegeben. Die Stadtverwaltung hat uns nun aufgefordert, eine Geschäftsordnung oder Satzung einzureichen. Da es bei der augenblicklichen Lage nicht möglich ist, (...) Satzungen festzulegen, sind wir (...) übereingekommen, vorläufig lediglich eine Geschäftsordnung aufzustellen. (...)*
>
> *Als Arbeitsgebiet unserer Gemeinde haben wir folgende Punkte ins Auge gefasst:*
>
> *1. Pflege des Gottesdienstes und des Kultus*
> *2. Bestattungswesen und Erhalt des Friedhofes*

10 JlGTh, Akte O, Bl. 28 ff.
11 JLGTh, Akte S, Bl. 18

3. Beratung der Gemeindemitglieder (...)
4. Religionsunterricht
5. Wohlfahrtsfürsorge
Gleichzeitig möchten wir darauf hinweisen, dass seitens der Berliner Jüdischen Gemeinde ein Landesverband Jüdischer Gemeinden für die ganze russische Zone angestrebt wird und die Synagogengemeinde Erfurt als Zentralgemeinde für Thüringen fungieren soll."[12]

Am 21.3. 1947 wurde die Gemeinde Mühlhausen anerkannt. Die „Präsidialkanzlei Kirchenwesen" im Büro des Thüringer Ministerpräsidenten berief sich auf die Erfurter Gemeinde, die diese Anerkennung bereits erhalten hatte. Damit erübrigte sich ein Antrag, da die Gemeinde die gleichen Rechte und Pflichten hätte wie die Erfurter: *„Sie können (...) nun die Gemeinde an Ihrem Ort konstituieren."*[13]

„Im Einvernehmen mit Herrn Oberregierungsrat Erle wurde festgelegt, dass Ihre Gemeinde folgende Bezeichnung führen muss ‚Synagogengemeinde Mühlhausen innerhalb des Landesverbandes der jüdischen Gemeinden Thüringens'". Die Gründung fand am 3. April 1947 statt. Anwesend waren 14 Mitglieder, Siegbert Fein wurde zum Vorsitzenden gewählt.

Mühlhausens Hinterhofsynagoge von 1841 wurde 1938 kein Opfer der Flammen, war im Inneren jedoch völlig zerstört. Die Gemeinde besichtigte an dem Gründungstag noch die Synagoge, deren Instandsetzung sie beabsichtigte. Die Wiederherstellung gelang der Nachkriegsgemeinde leider nicht.

Nach einer undatierten Liste[14] gehörten zur Gemeinde in Mühlhausen zehn Mitglieder, im Umland lebten sieben weitere. Am 24.11. 1948 schrieb die Landesgemeinde an die Synagogengemeinde Mühlhausen, dass sie laut Befehl 82 die

12 JLGTh, Akte P, Bl. 178
13 ZA Heidelberg, B1/38, 397
14 ZA Heidelberg B1/38, 397

Synagoge zurückerhalten habe und bat um die Verwaltung des Gebäudes.

Die Gründungen der Gemeinden in Jena und Gera liefen vermutlich ähnlich ab wie in Mühlhausen. In einem Brief von Max Blau an Günther Singer heißt es: „Ich habe zu Mittwoch den 6. November (1946) alle hier wohnhaften Glaubensjuden zu mir geladen, und werde dann den Antrag auf Wiedergenehmigung der Jüdischen Gemeinde in Jena stellen (...). Ich werde auch die in der Umgebung Jenas wohnenden Juden dazu auffordern.[15]" Max Blau trat dann als Vorsitzender der Gemeinde auf.

In der Selbstbeschreibung, welche die Landesgemeinde am 19.11. 1953 an die Encyclopaedia Hebraica[16] sandte, hieß es, dass die Synagogengemeinde Erfurt sich Ende 1945 konstituiert habe, der Landesverband sei 1946 gegründet worden. Ihm gehörten neben Erfurt die Gemeinden Eisenach, Mühlhausen und Gera an sowie alle Einzelpersonen, die in Orten ohne Gemeinde lebten. Jena wird nicht erwähnt, wahrscheinlich hatte sich die Gemeinde zu dieser Zeit schon aufgelöst. Die Repräsentanz bildeten Paul Fabisch, Herbert Ringer, Moritz Stein, Vorstand Max Cars und Moses Schoss, 1953 belief sich die Mitgliederzahl auf 180 Menschen. 1950 hatte die Anzahl der in Thüringen in Gemeinden registrierten Juden noch um die 300 betragen.

Das Wiedergutmachungsgesetz

Das Land Thüringen erließ am 14. 9. 1945 ein Wiedergutmachungsgesetz. Rudolf Paul, ein aus Gera stammender Jurist, war am 16. 7. 1945 zum Landespräsidenten und zwei Monate später zum Ministerpräsidenten bestellt worden. Mit der Flucht von Paul im Januar 1947 in die amerikanische Zone verlor die Gemeinde einen ihrer Unterstützer.

15 JIGTH, Akte B
16 JIGTh, Akte P, Bl. 409 – 411

Im Januar 1946 schrieb die Erfurter Gemeinde an den Ministerpräsidenten Paul: *„Sie haben uns dankenswerter Weise Gelegenheit gegeben unsere Wünsche und Sorgen bezüglich des Wiedergutmachungsgesetzes (...) zu unterbreiten"*[17]. Die Gemeinde schlug dem Land vor, „Treuhänder zur Durchführung des Gesetzes vom 14.9. 1945" einzusetzen, die diesem verantwortlich und jederzeit abrufbar wären. Diese sollten von einem ehrenamtlich tätigen Ausschuss beraten werden. Dem Land sollten daraus keine Kosten erwachsen, da die kommissarisch bestellten Geschäftsführer „unmittelbar von dem Betrieb bezahlt werden". Mit dem Befehl Nr. 97 der SMAD vom 29. 3. 1946 wurde festgelegt, dass

> *„zwecks einer besseren rationellen Auslastung des sequestrierten und konfiszierten Vermögens (...) alles sequestierte und konfiszierte Vermögen den Selbstverwaltungen der Provinzen für die Bedürfnisse der Stadt- und Landesverwaltungen, der demokratischen Organisationen und der durch die Kriegstätigkeit in Not geratenen Bevölkerung zur Verfügung zu stellen"*

sei.[18] Zu diesem Vermögen zählte Eigentum des Deutschen Reiches und seiner Institutionen, Amtspersonen und Anhänger, darunter sehr viele durch die „Arisierung" jüdischen Besitzern enteignete Unternehmen, Grundstücke und Häuser.

Regierungsrat Georg Chaim aus dem Präsidialamt, selbst Mitglied der Erfurter Gemeinde, beruhigte die Gemeinde am 11. 6. 1946, das Wiedergutmachungsgesetz bleibe trotz anderslautender Erlasse in Kraft, das Amt suche noch für die Städte Altenburg, Gera, Eisenach, Mühlhausen Hausverwalter, außerdem suche es für einige Objekte Treuhänder. Die Gemeinde wurde um Vorschläge gebeten.[19]

17 JIGTh, Akte P, Bl. 350f.
18 Ebda, Bl 356
19 Ebda., Bl. 344

Siegbert Fein[20], Vorsitzender der Synagogengemeinde Mühlhausen, wurde hier und in Eisenach als Hausverwalter eingesetzt, in Eisenach hatte außerdem Walter Cappel diese Funktion inne, in Jena Max Blau. Justin Liebmann finden wir in Erfurt als Treuhänder und Verwalter. Cappel, Vorsitzender der Gemeinde in Eisenach, schrieb seine Gedanken zu diesem Gesetz nieder:

> *„Besonders misslich wird das Fehlen jeglicher Ausführungsbestimmungen empfunden. Ich greife hierbei den hart umstrittenen Begriff der Verwerflichkeit beim Ankauf jüdischer Vermögenswerte heraus. Soviel mir bekannt, hat der Herr Landespräsident (...) den Standpunkt eingenommen, dass der Erwerb jüdischen Eigentums unter Nazisten grundsätzlich verwerflich war, weil jeder Käufer wusste, dass der Verkäufer in seiner Entscheidung nicht frei war (...)“*[21].

Der Treuhänder zog das Fazit:

> *„Denn die Verwerflichkeit des Hitlerreiches, das es sich von der ersten Stunde an zur Aufgabe gemacht hatte (...) der jüdischen Bevölkerung die materiellen Existenzgrundlagen zu entziehen, ist im Bewusstsein weder der Wiedergutmachungsverpflichteten noch der Gerichte so verankert wie bei den Juden und allen demokratischen Kräften der Welt.“*

Er sah schon 1947 das Scheitern aller Bemühungen um Wiedergutmachung voraus.

Dieses Scheitern des Gesetzes erkannten auch die Eisenacher Rechtsanwälte Georg und Johannes Pracht im Juni 1950:

> *„In einigen Fällen ist der Wiedergutmachungsanspruch dadurch vereitelt worden, dass das fragliche Grundstück von*

20 ZA Heidelberg, B1/38 397
21 ZA Heidelberg, B1/38 397

> *den jüdischen Eigentümern s. Zt. an einen Nazi-Aktivisten, den Heeresfiskus oder an das Reich unter dem Druck der bekannten Verhältnisse veräußert und dann auf dem Wege über die Befehle 124 und 126 der SMAD Volkseigentum geworden ist.*"[22]

Georg Pracht vertrat den Erben des ermordeten Dr. Robert Stern in Eigentumsrechten gegen die Stadt Eisenach. Nach dem Schiedsspruch des 2. Oberlandesgerichtes Erfurt wiesen die verhandelnden Richter die Klage ab. In der Begründung hieß es: *„Der Schiedsklage konnte kein Erfolg gewährt werden, weil das streitige Grundstück im Laufe des Verfahrens auf das Kommunalwirtschaftsunternehmen der Stadt Eisenach übergegangen ist, damit Volkseigentum geworden ist und ein Wiedergutmachungsanspruch gegen dieses nicht mehr geltend gemacht werden kann."*[23] Es sei nach Anwendung der Kommunalwirtschaftsverordnung vom 24.11. 1948 gerechtfertigt, dass die Umwandlung in kommunales Eigentum erfolgt sei: *„Es wird festgelegt, dass das Volkseigentum unantastbar ist."* heißt es und:

> *„Die Rückgewähr eines von einer Stadtgemeinde aus jüdischem Besitz erworbenen Grundstücks auf Grund des § 1 der Thür. Wiedergutmachungsgesetzes kann nicht mehr verlangt werden, wenn dieses Grundstück im Laufe des Verfahrens in das Eigentum des Kommunalwirtschaftsunternehmens der Stadtgemeinde übergegangen und damit Volkseigentum geworden ist."*[24]

22 JlGTh, Akte P, Bl. 271 ff.

23 Ebda.

24 Ebda.

Erlebter Antisemitismus

Die ersten Nachkriegsjahre waren vom latenten oder auch offen gelebten Antisemitismus seitens der Bevölkerung und Behörden geprägt. In den Akten der Polizei- Inspektion Erfurt Nord – Mitte gab es eine streng vertrauliche Dienstanweisung, datiert vom 24.4.1946[25].

> *„Es ist festgestellt worden, dass zwischen der polnischen und der sowjetischen Besatzungszone ein umfangreicher Menschenhandel getrieben wird. Es handelt sich dabei meistens um Ostjuden. Es ist von Seiten der zuständigen Stellen zu achten, dass vor allen Dingen in größeren Städten, irgendwelche aus dem Osten eingewanderte Juden, keine Zuzugsgenehmigung erhalten. Es ist im großen Ganzen für das Thüringer Land nicht erwünscht, dass solche Personen sesshaft werden. Sollte schon irgendwo in Städte(n) die Zuzugsgenehmigung an solche Personen erteilt sein, ist sie, wenn irgend möglich rückgängig zu machen.*
>
> *Auf dem Land sind diese Personen unter strengste Kontrolle zu nehmen, um ihnen jede Möglichkeit abzuschneiden, irgendwo als Gewerbetreibende oder selbständige Kaufleute aufzutreten. Meistens sind diese Leute im Besitz von ‚Opfer des Faschismus' Ausweisen, worauf auf keinen Fall Rücksicht genommen werden braucht. Gez. Hausmann."*

Weitergeleitet hatte diese Abschrift „ein aufrechter Antifaschist" im März 1947 an die Gemeinde.

Der in vielen Facetten erlebte Antisemitismus durchzieht die Akten und durchzog das Leben. Da in Thüringen viele aus Breslau stammende Juden lebten, paarte sich dies oft mit Vorbehalten gegen Polen und Polinnen. Am 17.10. 49

25 JLGTh, Akte P, Bl.15

durchquerte ein Herr Czarnowietzki die Weimarer Großmarkthalle und kam an Warenboxen des Konsums vorbei, an denen zwei Männer und eine Frau Waren verluden. Er hörte wie die Frau, Anna Haberland, die Schwester des Wirtschaftsministers Hüttenrauch, zu singen begann: „Du bist ein Jude, du bist kein Christ, du bist ein Stück Mist.[26]“

Die Gemeinde stellte selbst mehrere Strafanträge wegen Antisemitismus. So wie im Fall des Kaufmanns Herbert Dombrowski. der im November 1947 mit seiner Miete in Rückstand geraten war. Der Vermieter drang am Abend wütend in die Wohnung und den Schlafraum der Familie ein. Auf die Bitte von Herbert Dombrowski, die Wohnung zu verlassen, reagierte der Mann unwirsch und beschimpfte schließlich den Auschwitz-Überlebenden als „Dreckjuden“ Das Verfahren gegen ihn wegen Beleidigung wurde aufgrund einer Amnestie eingestellt[27].

Ein undatierter Brief (vor dem 28.7. 1948), geschrieben im Auftrag von Hugo Glaser, einem nun in Sömmerda ansässigen jüdischen Umsiedler, zeigt die unterschiedlichen Herangehensweisen. Wahrscheinlich hatte Glaser auf dem Schwarzmarkt eingekauft, um *„seine große Familie mit Anverwandten (9 Personen) gesund zu erhalten. Er glaubte sich berechtigt dazu, da er als ein Hitlerverfolgter seine Familie auf jeden Fall gesund erhalten wollte (...)“*. Die Schwarzmarktangelegenheit des Hugo Glaser wurde nach dessen Wahrnehmung so aufgebauscht, dass *„man von einer Pogromstimmung der hiesigen Bevölkerung gegen die fünf ansässigen Juden, sprechen kann.“* Ausdrücke wie *„Die Ostjuden sind alle Verbrecher, die Juden müssen stürzen“* beklagte der unbekannte Briefschreiber ebenso wie mit „Jude“ beschmierte Wände[28].

Der in der Erfurter Gemeinde angestellte Religionslehrer James Elsner wohnte mit seiner Frau Dorothea in der Erfurter

26 JLGTh, Akte C, Bl. 78
27 JLGTh, Akte W, Bl. 110 ff.
28 JLGTh, Akte Gl., Bl. 210

Damaschkestraße. Das Paar weilte Anfang 1951 in einem VdN[29]-Sanatorium in Bad Liebenstein. Dort sollte am 13. Februar eine Resolution – an die westdeutsche VVN adressiert – anlässlich des sechsten Jahrestages der Zerstörung Dresdens unterzeichnet werden. Nach den Schilderungen der Ereignisse vom 13. Februar wird der Gegenwartsbezug gesucht:

> *„Angesichts der (...) Remilitarisierung unserer westdeutschen Heimat unter Führung der USA-Imperialisten, die sich nicht scheuen, faschistische Kriegsverbrecher aus dem Zuchthaus zu entlassen, um mit ihnen (...) den 3. Weltkrieg im Interesse der monopolkapitalistischen Geschäftemacher zu organisieren, steht vor unserem Volk erneut die Frage, ob es gewillt ist, noch einmal im Interesse der imperialistischen Räuber das Blut einer ganzen Generation zu opfern, um die Profite der Monopolkapitalisten zu sichern. Das Verbrechen, das sie in Korea begehen, wollen sie auch auf dem Boden unserer Heimat wiederholen (...).[30]“*

James und Dorothea Elsner hatten sich bei der Abstimmung enthalten, da sie die „krassen Ausdrücke“ nicht billigten. In der Resolution wurden die Amerikaner „Luftgangster, Piraten, imperialistische Räuber“ benannt. In einer Aussprache wies James Elsner darauf hin, dass die feindseligen Formulierungen sie zu dem Schritt gebracht hätten. Das Ehepaar musste das Heim verlassen. Die Stimmung gegen das Paar nahm primitive antisemitische Züge an, das verlassene Zimmer wurde als „Judenzimmer“ tituliert. Es folgen Protokolle von Aussprachen zum Abstimmverhalten der Elsners, welche zeigen, wie der „Kameradin Elsner“ das Wort im Munde umgedreht wurde: Sie berichtete, dass sie vom Volkssturm in Breslau gezwungen wurde, zwischen den Linien stehend Schützengräben auszuheben und dankbar sei, von den Amerikanern

29 Verfolgte des Naziregimes
30 JLGTh, Akte E, Bl. 384

Hilfspakete erhalten zu haben. Das Paar Elsner verteidigte sich als „fromme Juden“, die Liebe und Verständigung leben wollten. Fehlendes politisches Niveau und Gutgläubigkeit waren noch die wohlwollendsten Vorwürfe. Herr Elsner solle sich, so gaben es die Tischgenossen an, zu der Äußerung verstiegen haben: „Im Kriege liegt der Keim des Friedens“, außerdem zweifelte man, wie sie als „Sternträger“ sich frei in Breslau bewegen konnten. Nachdem Frau Elsner sich in ärztliche Behandlung in Berlin-Neukölln begeben hatte, wurde ihre Erfurter Wohnung versiegelt. Sie erhielten eine Räumungsklage. Obwohl sie es anfänglich vorhatten, kehrten die Eheleute nicht aus Westberlin zurück. Der eingeschaltete Rechtsanwalt Heilbrunn musste die Aussichtslosigkeit seines Mandats registrieren, die Wohnung wurde nicht zurückgegeben, sondern weitervermittelt.

Julius Loewenhardt[31] musste am 10. 4. 1951 einen nächtlichen Einbruch in seinem Konfektionsgeschäft in Helmsdorf (Ortsteil von Dingelstädt) feststellen. Die Situation erschien eindeutig; ein geöffnetes Fenster, auf dem Fußboden herumliegende Röllchen mit Wolle, ein Anzug auf dem Boden. Ein Wachmann informierte die Polizei, die Loewenhardt zwei Stunden lang verhörte und anschließend den angezeigten Einbruch in einen geplanten Versicherungsbetrug uminterpretierte. Die Anzahl der gestohlenen Waren wurde angezweifelt, auch seine Frau musste sich mit Vorwürfen auseinandersetzen. Wenige Tage später erhielt der Händler zwar kein Recht, aber einen anonymen Brief mit einer wüsten Beschimpfung, die ich in der unvollkommenen Schreibweise wiedergebe:

> *„Lieber Julius mir grault vor dir. Schön wenn die Versicherung die Anzüge auch noch mal bezahlt. Die haben Sie sie ja selber geklaut. Das ganze Dorf weiß es ja. Es ging jemand um die Zeit vorbei und haben nichts gesehen. Die Polizei*

31 JLGtH, Akte L, Bl. 72 -79

ist ja zu dumm sonst hätten sie ihn und die Alte gleich mitgenommen. Echt jüdisch! Sonst wären Sie ja nicht runter gegangen u. die Alte auch noch mit. Und sowas wohnt in Helmsdorf. Das Mädel braucht die Nase nicht so hoch zu tragen, so eine Halbjüdin. Blos raus aus Helmsdorf. Es riecht nach Knobloch."[32]

Die Familie sah sich gezwungen, den Ort zu verlassen.

Der Greizer Leopold Popper[33] war seit Januar 1947 bei der Synagogengemeinde Gera registriert. Mehrmals taucht in den Akten die Behauptung auf, er habe die „ungarische Judenfürsorge" um 20 kg Zucker gebeten. Der Kontakt mit dieser Organisation hatte einen anderen Hintergrund, man war auf der Suche nach ungarischen Zwangsarbeitern, die in Berga bei der Arbeit im Steinbruch ums Leben gekommen waren. Sein Budapester Cousin , Max Popper, knüpfte den Kontakt. Leopold Popper konnte daraufhin eine Liste von Opfern nach Budapest senden. Ob er dies mit einer Bitte um Zucker verband, ist nicht nachweisbar. Er selbst bestritt es, musste sich bei verschiedenen Stellen dafür rechtfertigen[34]. Nach Aussage seines Cousins hatte dieser selbst die Zuckeridee, um Leopold zu danken, so gibt es der Vorsitzende der Geraer Gemeinde, Joachim Neustein, weiter. Neustein zeigte sich besorgt über den Antisemitismus in Greiz: „*Hier spürt man und man kann sehen, von wo der Wind weht, Antisemitismus*"[35], das letzte Wort unterstrich der Schreiber. Kurz zuvor muss Popper arbeitslos geworden sein, nach seiner Aussage habe er viereinhalb Jahre als Leiter eines großen jüdischen Unternehmens gearbeitet und dies von 42 Arbeitern auf 400 erweitert. „*Wir können nicht zugeben, dass jüdisches Vermögen, welches dem Wiedergutmachungsministerium zusteht, einen*

32 Ebda., Blatt 74
33 JIGTh, Akte P, Bl. 111–143
34 Ebda., Bl. 126, 128, 129, 131, 133
35 Ebda., Bl. 131

Juden ohne Grund entlässt“[36], bittet Neustein den Landesverband und namentlich Günther Singer am 19. 12. 1949 um Hilfe. Popper wurde mit Kontakten und finanziell unterstützt.

April 1950 setzte man Popper im VEB Mützenfabrik Erfurt als Betriebsleiter ein. Ein erhaltenes Zeugnis bestätigte ihm „Umsicht und gute Fachkenntnisse“[37]. Knapp ein Jahr später jedoch hieß es, er müsse im „Zuge der Reorganisation der volkseigenen Industrie“ gekündigt werden“[38]. Für Popper stellte sich dies anders dar: Ihm wurde mündlich sein Ausschluss aus der SED mitgeteilt, seine Kündigung erfolgte fristlos. Bei einer Betriebsversammlung, bei der er nicht anwesend war, wurde der Belegschaft gesagt, er sei ein „Saboteur der Wirtschaft“[39] und aufgrund seiner Korrespondenzen mit dem Ausland als „Spitzel“[40] anzusehen. Der Grund: Popper korrespondierte mit seinen in den USA lebenden Brüdern und mit Freunden im Ausland.

Aufarbeitung der nationalsozialistischen Verbrechen

Die Erfurter Gemeinderepräsentanten arbeiteten in vielen Fällen eng mit den Entnazifizierungskommissionen zusammen. So regten sie im Januar 1948 an, Verfahren gegen Hans Quehl und Willi Scheide einzuleiten. Quehl, der das Erfurter Kaufhaus Römischer Kaiser nach der „Arisierung“ zu einem „linientreuen Vorzeigeunternehmen“ umgestaltet hatte, wurde bald als „entnazifiziert“ eingestuft. Willi Scheide hingegen galt der Entnazifizierungskommission als schuldig. Er gehöre zu dem Personenkreis, welcher unter § 7 Befehl 201 falle, teilte der Rat der Stadt mit[41]. Das Kaufhaus ging im März 1948 in Volkseigentum über.

36 Ebda, Bl. 131
37 Ebda., Bl.118
38 Ebda., Bl. 119
39 Ebda, Bl. 119
40 Ebda., Bl. 119
41 JLGTh, Akte R, Bl. 215f.

Im Januar 1951 stellte der Landesverband Thüringen der jüdischen Gemeinden Strafantrag gegen Heinrich Rogge, wohnhaft in Gera, wegen der Beteiligung an der Zerstörung der Synagoge in Böhmisch – Leipa. Sie benannten vier Zeugen, die bereit waren, ihre Aussagen zu beeiden. Das Verfahren wurde wegen Mangel an Beweisen eingestellt[42].

Die Enttäuschung über mehrfach missglückte Gerechtigkeit war groß, aber es gab auch andere Erfahrungen. So verfolgte man in der Jüdischen Gemeinde mit großem Interesse einen Prozess in Eisenach gegen den 48-jährigen Gestapomann Hans Müller, der in Breslau die „Fahndungsabteilung für polnische Zivilarbeiter" geleitet und später dem „Judenreferat" vorgestanden hatte. Er wurde wegen Beihilfe zum Massenmord zu lebenslänglichem Zuchthaus verurteilt. In einem Zeitungsbericht[43] über den Prozess, zu dem immerhin zweitausend Zuhörer zugelassen waren, wird die Aussage von Julius Meyer, dem Präsidenten der Jüdischen Gemeinden der DDR, über die Gräueltaten in Auschwitz, als erschütternd hervorgehoben.

„Wirtschaftsvergehen" – Erfahrungen mit dem Wiedergutmachungsgesetz

Für ein hart bestraftes Wirtschaftsvergehen steht der Fall von Emanuel Juliusberger aus Meiningen, der im November 1948 in der Firma IMEX-Leder-Import als Treuhänder eingesetzt wurde. Der Besitzer Walter Höhn war in eine der Westzonen geflüchtet. Als eine in Berlin Charlottenburg ansässige Handelsgesellschaft an die Firma eine Forderung von über 1,5 Millionen stellte, bat Walter Höhn telegrafisch um Begleichung. Juliusberger reiste abgestimmt mit dem juristischen Beirat der Firma nach Berlin, um darüber zu verhandeln. Es gelang ihm, diese Schuld auf 250.000 DM zu senken. *„Trotz der Kenntnis, dass die ehem. Firma Höhn (...) baldigst in die Hände*

42 JlGth, Akte R, Bl. 190–198

43 JLGTh, Akte M, Bl. 369, „Die Tat", 24.2. 1951

des Volkes übergehen würde", hieß es später im Urteil, habe er sich mit dem zuständigen Wirtschaftsministerium in Verbindung gesetzt und gefragt, ob er die Forderung begleichen solle. Nachdem das Ministerium seine Zustimmung gab, überwies Juliusberger die ersten drei Abschlagszahlungen, insgesamt 170.000 DM. In der Urteilsbegründung hieß es dann; er habe 170,000 DM aus „unserer im Aufbau begriffenen Wirtschaft heraus(gezogen)"[44].

Der Jenaer Max Blau wurde am 4. 9. 1945 als Sequester der Kaufhäuser Behrendt eingesetzt, deren jüdischer Besitzer Arthur Behrendt in Amerika lebte.[45]Es sind Schriftstücke zum treuhänderischen Scheitern Blaus sowie Briefe an Günther Singer überliefert. Ein am 29. März 1946 erteilter Auftrag des sowjetischen Wirtschafts-Kommandanten Hauptmann Mirniy lautete, ihm schnellstens 50 Meter Wäschestoff rot einfärben zu lassen. Eine Jenaer Färberei wurde damit beauftragt. Da keine Farbe vorhanden war, konnte der Auftrag nicht fristgemäß ausgeführt werden. Weil der Termin nicht eingehalten wurde, sollte Max Blau 2000,- Reichsmark Strafe zahlen. Als er sich weigerte, ließ ihn der Offizier für 19 Stunden festsetzen und erließ ihm jedoch die Geldstrafe. Dafür wurde er wenige Tage später von dem Stadtkommandanten mit seiner Amtsenthebung konfrontiert. Als Gründe wurden angegeben, die SED-Arbeiterschaft sei unzufrieden mit der Versorgung in den Kaufhäusern, Blau habe schlecht mit den Behörden zusammengearbeitet und sei arrogant aufgetreten. Sein Einspruch hatte zunächst Erfolg. Der Stadtkommandant erklärte sich für nicht zuständig, es begann eine Odyssee zwischen Präsidialamt, Landeskommandantur, Stadtkommandantur und Arthur Behrendt. In einem Brief an Günther Singer vom 16. Mai 1946 schilderte Blau ein Gespräch mit einem in Jena stationierten Offizier der Besatzungsmacht:

44 JLGTh, Akte J, Bl. 288 ff.
45 ZA B1/38 580

„Trotzdem weigerte sich der (…) zuständige Offizier, den Befehl (der Wiedereinsetzung, ek) durchzuführen und erklärte mir, dass sowieso in Kürze das Unternehmen dem deutschen Volke zur Selbstverwaltung übergeben wird, und wird dann die Partei darüber verfügen. Sie sehen, mit diesem Kaufhaus spekuliert die SED und will man absolut das Kaufhaus dem jüdischen Einfluss entziehen. Ich stoße bei meiner ganzen Arbeit immer wieder auf diese Feststellung. Wie es hier ist, ist es auch anderswo, und ist (…) Eile geboten, dass endlich ein neues Wiedergutmachungsgesetz ergeht und die Gesamtverwaltung aller jüdischen Grundstücke und Geschäfte in jüdische Hand kommt, damit nicht das gesamte restliche jüdische Vermögen ruiniert wird und verloren geht.“

Max Blau beurteilte das Geschehen realistisch. Der Käufer von 1937, Kurt Hepprich, hatte nach der Thüringer Gesetzgebung keine Eigentumsrechte mehr. Trotzdem wurde das Kaufhaus dem Sequestierungsverfahren unterzogen. Max Blau verstand sich als Treuhänder für das rechtmäßige Eigentum von Arthur Behrendt, die Besatzungsmacht jedoch erkannte die geltende Rechtslage in Thüringen nicht an. Den Grundkonflikt zwischen Besatzungsmacht und Landesgesetzgebung spürte Max Blau und stieß deshalb auf Widerstand:

„Ich habe die ganze SED mit freien Gewerkschaften und Betriebsrat gegen mich (…). Die Beweggründe dieser Feindschaft sind, dass man das Wiedergutmachungsgesetz nicht respektieren will und nicht wieder kapitalistische Unternehmen zulassen will. Dazu kommt der Antisemitismus, wenn ich diese Kämpfe um unsere jüdische Wiedergutmachung durchkämpfe, so muss ich Sie bitten, mich mit Ihrer ganzen Autorität zu unterstützen (…) Da Herr Chaim als Jude mich als Juden zum Treuhänder bestellt hat, möchte man uns Korruption unterschieben.“

Diese Berufung durch Georg Chaim warf man Blau vor: *„dass die Bestallung nicht von dem Präsidenten, sondern nur von einem Beauftragten unterzeichnet, der zudem noch Jude sei, sodass angenommen werden kann, dass es sich um eine gemeinsame Sache handele“*, so jedenfalls kommentierte Max Blau diese Angelegenheit. [46]

In einem anderen Fall hatte Max Blau nach eigenen Angaben erreicht, dass *„die ersten 3 jüdischen Grundstücke Herrn Prof. Josephy wieder im Grundbuch zugeschrieben wurden. (...) Dieses ist der erste Fall einer wirklichen Wiedergutmachung, wie mir Herr Chaim sagt.“* In einem späteren Brief musste er allerdings konstatieren:

> *„In Anbetracht der Vorbereitung für den Deutschen Friedensvertrag ist es für ganz Deutschland nicht nur eine große Blamage, dass das Wiedergutmachungsgesetz nicht einmal durchgeführt werden kann, sondern gibt man auch uns Juden (...) den Beweis in die Hand, dass Deutschland ernstlich gar nicht die Absicht hat, Wiedergutmachung zu leisten.“* [47]

Soziales und religiöses Leben

Die Beratung der Mitglieder in allen aktuellen Fragen wuchs sich zu einer Mammutaufgabe für die jüdischen Gemeinden aus; die Korrespondenz-Akten sind gefüllt mit Hilferufen, Suchanträgen, Bitten um finanzielle und andere Unterstützungen. Das Netz der Korrespondenzen erstreckt sich in viele Länder. Den größten Teil der Arbeit schien die soziale Absicherung der Gemeindemitglieder zu sein, das Verteilen der Joint-Pakete war oftmals schwierig, und nicht immer konnten die Mitglieder der Landesgemeinde, die teils in abgelegenen Dörfern lebten, erreicht werden.

---

46 Ebda.
47 Ebda.

Das religiöse Leben der Gemeinden musste meist ohne Rabbiner auskommen, der Berliner Martin Riesenburger wurde nur zu besonderen Anlässen nach Erfurt geladen. Anfang 1950 erklärte er in einem Vortrag den Männern *„die Vorschriften, Riten und Bräuche über Unterricht für Kinder und Erwachsene, Barmizwah, Trauungen, Chewra Kadischah (Beerdigungsbruderschaft) und damit vieles, was (...) im Laufe der Jahre verschüttet war (...)"* Der Rabbiner regte in diesem Zusammenhang in der Gemeinde die Gründung einer Chewra Kadischah an. [48]

Gottesdienste fanden zunächst in gemieteten Räumen statt. Der Initiative und diplomatischen Hartnäckigkeit von Max Cars und Günther Singer ist es zu verdanken, dass die Gemeinde auf einem Neubau der Synagoge beharrte. Ein Brief vom 12. Juli 1950 an den Rat der Stadt schilderte die Situation: *„Seit 5 Jahren steht im ganzen Land Thüringen für den jüdischen Gottesdienst nur ein Behelfsraum in Erfurt für ca. 60 Personen zur Verfügung, der bei weitem nicht für die religiösen Bedürfnisse der 300 in Thüringen ansässigen Juden ausreicht (...)"* Die Gemeinde hatte nach einem Beschluss des Grundbesitzausschusses am 27. 1. 1947[49] das Grundstück der Vorkriegssynagoge am 1.9. 1947 zurückerhalten, seitdem arbeitete man an Plänen für einen Neubau. Der Architekt Willy Nöckel stellte 1948 einen Bauantrag, der Entwurf wurde abgelehnt, er sei zu groß, zu sakral und füge sich nicht in die städtebaulichen Verhältnisse ein. Cars beantragte in seinem Brief an die Stadt die Übernahme der Kosten von 553.986,50 DM durch die öffentliche Hand.

Der erste Entwurf wurde abgelehnt, erst eine dritte Überarbeitung wurde 1951 von der Stadt genehmigt, ein schlichter Bau, der nur an wenigen Details als Synagoge erkennbar ist. Die Übernahme der Kosten durch die öffentliche Hand wurde genehmigt, die Synagoge konnte am 31.8. 1952 eingeweiht werden. Als Folge der antisemitischen Säuberungswelle im

48 JLGTh, Akte R, Bl. 42
49 StAE/5/9

Gefolge des Slansky-Prozesses in Prag verlor die Gemeinde jedoch kurz darauf viele ihrer Mitglieder.[50] Die Erfurter Synagoge blieb der einzige Synagogenneubau der DDR.

Von Anfang an waren das kulturelle Leben in Gemeinde und Stadt miteinander verbunden, man feierte Chanukkabälle zusammen, zelebrierte den OdF-Tag auf dem jüdischen Friedhof in Erfurt. Mit der Gründung der VVN war es für jeden Juden in gewissen Positionen in Gemeinde und Gesellschaft üblich, dort mitzuwirken. Auch im Rahmen der VVN kam es zu antisemitischen Vorfällen, trotzdem versuchte man sich dort auf einer freundschaftlichen mitwirkenden Ebene zu bewegen. Die Juden und Jüdinnen versuchten, mit der aktiven Teilnahme an Massenorganisationen und der Mitgliedschaft in einer Partei, vor allem der SED, sich in die Gesellschaft zu integrieren.

Das Ende der Hoffnung

Das Scheitern der Wiedergutmachungsregelung und die antisemitischen Vorfälle haben gezeigt, man stand vor einer unwilligen Masse. Die neue Gesellschaft lehnte „jüdische Kapitalisten“ ab, in der Bevölkerung gab es offenen Antisemitismus, der von den Machthabern zum Teil toleriert wurde. Als sich auch der Staatsantisemitismus wieder zeigte, war das Ende des Miteinanders vorprogrammiert. Von Anfang an gab es eine Ausreisebewegung, die Gründe waren auch privater Natur, umfassten wirtschaftliche Aspekte und mangelnde religiöse Toleranz der Gesellschaft. Eine Mitgliederliste aus dem Jahr 1955[51]zeigt den verzweifelten Zustand: man nahm die alte Liste und strich einfach die Namen aller Geflohenen und Ausgetretenen kreuz und quer durch, es waren über zwei Drittel.

Anfang 1953 setzte eine Fluchtwelle aus allen jüdischen Gemeinden der DDR in den Westen ein. Der prominenteste Flüchtling aus der Erfurter Gemeinde war Günther Singer, der

50 Siehe auch den Beitrag von Annette Leo in diesem Band.

51 ZA B1/38, Nr. 579

bis dahin als Vermittler bei schwierigen Problemen der Wiedergutmachung aufgetreten war. Schon ab März 1946 war er bevollmächtig gewesen, für die Landesgemeinde Verhandlungen zu führen[52].

Ob Günther Singer auch wie Julius Meyer in Berlin zu Gesprächen vorgeladen wurde, kann nur gemutmaßt werden. Meyer musste sich für seinen Einsatz für ein Wiedergutmachungsgesetz und seine Verbindung zum Joint vor der Parteikontrollkommission verantworten. Als Anfang Januar die Meldung von einer angeblichen jüdischen Ärzteverschwörung im Kreml veröffentlicht wurde, wusste er die Zeichen zu deuten und bereitete seine Flucht vor. Er informierte viele Vertraute. Zwischen Januar und Februar verließen etwa 500 Juden die DDR. Singer gehörte zu den ersten, die das Land verließen. Am 20. Januar 1953 jedenfalls wurde seine Wohnung aufgelöst und die Gemeinde erhielt folgende Gegenstände: Bücher, Sportbekleidung, Bilder, Schallplatten und silberne Leuchter. Kurz vor seiner Flucht hatte Singer auf das Konto der Synagogengemeinde 800, – DM eingezahlt, dieses Geld kassierte die die Stadt Erfurt ein: *„Dieser Betrag fällt nach der Verordnung zur Sicherung von Vermögenswerten vom 17.7. 1952 dem staatlichen Eigentum zu."*[53]

Der eingangs zitierte jüdische Journalist Alfred Joachim Fischer schlug später über seinen Besuch von 1948 kritischere Töne an:

> *„Ein kurzer Abstecher in die damalige Ostzone war erst nach langem Kampf mit hohen Sowjetoffizieren erreichbar. Unsere wichtigsten Informanten waren die Vorsitzenden der jüdischen Gemeinden. Was sie (...) erzählten wiederzugeben, wäre sinnlos. Jederlei Antisemitismus wurde abgestritten und die Situation rosig geschildert."*[54]

52 JlGTh, Akte S, Bl. 270
53 Enda., B. 257–258
54 A. J. Fischer: Als jüdischer Journalist in diesem Jahrhundert. In der Nähe der Ereignisse, Berlin 1991

Autor*innen und Herausgeber*in

Dr. Monika Gibas, Historikerin, Projektleiterin Suche nach jüdischem Kulturgut in Bibliotheken Sachsen-Anhalts. Veröffentlichungen u. a. als Hrsg: „Arisierung“ in Thüringen. Entrechtung, Enteignung und Vernichtung der jüdischen Bürger Thüringens 1933–1945. Quellen zur Geschichte Thüringens, 2 Bd., Erfurt 2006; „Arisierung“ in Leipzig, Leipzig 2007; „Ich kam als wohlhabender Mensch nach Erfurt und ging als ausgeplünderter Jude davon“. Schicksale 1933–1945, Erfurt 2008; als Autorin: Luthers Judenbild und sein langer Schatten im mitteldeutschen Raum, mit Ulrike Krauße, Begleitband zur Ausstellung, Teutschenthal-Langenbogen 2016; „Arisierung“ der Wirtschaft in Thüringen. Das Beispiel Arnstadt, in: Jüdische Familien aus Arnstadt und Plaue, Katalog zur Ausstellung, Weimar 2021, S, 108–148.

Eike Küstner, Kunsthistorikerin und Germanistin. Veröffentlichungen u. a. Jüdisches Leben in Erfurt, Leipzig 2012; Jüdisches Leben in Thüringen, Erfurt 2012; Die Flammenzeichen rauchen, Erfurt 2013

Dr. Annette Leo, Historikerin und Publizistin. Veröffentlichungen u. a.: Helden, Täter und Verräter. Studien zum DDR-Antifaschismus, Hrsg. mit Peter Reif-Spirek, Berlin 1999; Vielstimmiges Schweigen. Neue Studien zum DDR-Antifaschismus, Hrsg. mit Peter Reif-Spirek, Berlin 2001; Antifaschismus, in: Martin Sabrow, Erinnerungsorte der DDR, München 2009; Das Kind auf der Liste. Die Geschichte von Willy Blum und seiner Familie, Berlin 2018

Peter Reif-Spirek, Sozialwissenschaftler und stellv. Leiter der Landeszentrale für politische Bildung Thüringen, Veröffentlichungen u. a.: Später Abschied von einem Mythos: Jussuf Ibrahim und die Stadt Jena. In: Vielstimmiges Schweigen. Neue Studien zum DDR-Antifaschismus, Hrsg. mit Annette Leo, Berlin 2001; Das Ende der Sozialdemokratie, wie wir sie kannten. In: SPW 6/2018; Arbeiterbewegung von Rechts? Hrsg. mit Karina Becker und Klaus Dörre, Frankfurt am Main 2018.

Regina Scheer, Publizistin und Kulturwissenschaftlerin. Veröffentlichungen u. a.: AHAWAH, das vergessene Haus, Berlin 1992; Im Schatten der Sterne, Berlin 2005; Wir sind die Liebermanns, Berlin 2007; Machandel, München 2014; Gott wohnt im Wedding, München 2018.

Alexander Walther, Historiker, Doktorand an der Friedrich-Schiller-Universität Jena und Projektkoordinator im Forschungsverbund „Diktaturerfahrung und Transformation" an der Universität Erfurt, Veröffentlichungen u. a.: Das schweigende Dorf S. Anna Seghers und Willi Bredel wider die NS-Verbrechen, in: Jüdische Geschichte & Kultur. Magazin des Dubnow-Instituts 5 (2021), S. 38–40; (Jüdische) Historiker*innen in der DDR und die Erforschung von Judentum und Shoah, in: Jörg Ganzenmüller (Hrsg.): Jüdisches Leben in Deutschland und Europa nach der Shoah (= Europäische Diktaturen und ihre Überwindung, Bd. 26), Köln 2020, S. 195–218; Helmut Eschwege and Jewish Life in the German Democratic Republic, in: Jay Howard Geller/ Michael Meng (Hrsg.): Rebuilding Jewish Life in Germany, New Brunswick 2020, S. 101–117.

Dr. Andreas Weigelt, Historiker, Leiter der Dokumentationsstelle Lager Jamlitz bei der Evangelischen Kirchengemeinde Lieberose und Land. Veröffentlichungen u. a.: „Der Körper wohnt in der Erde, der Geist in den Sternen." Slawisch-deutsches Lieberose, die Familie von der Schulenburg und zwei Kirchen. Katalog der gleichnamigen Ausstellung, herausgegeben im Auftrag der Evangelischen Kirchengemeinde Lieberose und Land, Cottbus 2020; Vorwurf: Aktiver Nazis, Werwolf oder Agent. Die Verhaftungspraxis sowjetischer Geheimdienste in und um Bad Freienwade 1945–1955, Schriftenreihe der Beauftragten des Landes Brandenburg zur Aufarbeitung der Folgen der kommunistischen Diktatur, Band 11, Berlin 2018.